国家出版基金项目
NATIONAL PUBLICATION FOUNDATION

“十四五”时期国家重点
出版物出版专项规划项目

唐巧天 著

“中国近代经济地理研究”丛书
吴松弟 主编

大港变迁：上海外贸埠际转运研究（1864—1930）

山东画报出版社
济南

图书在版编目（CIP）数据

大港变迁：上海外贸埠际转运研究：1864—1930 / 唐巧天著. —济南：山东画报出版社，2023.1
（“中国近代经济地理研究”丛书 / 吴松弟主编）
ISBN 978-7-5474-4064-3

Ⅰ. ①大… Ⅱ. ①唐… Ⅲ. ①对外贸易－贸易史－研究－上海－1864-1930 Ⅳ. ①F752.851

中国版本图书馆CIP数据核字(2021)第235666号

DAGANG BIANQIAN: SHANGHAI WAIMAO BUJI ZHUANYUN YANJIU（1864—1930）
大港变迁：上海外贸埠际转运研究（1864—1930）
唐巧天 著

项目策划　赵发国
责任编辑　怀志霄
装帧设计　王　芳　公冶繁省

主管单位　山东出版传媒股份有限公司
出版发行　山东画报出版社
社　址　济南市市中区舜耕路517号　邮编 250003
电　话　总编室（0531）82098472
市场部（0531）82098479
网　址　http://www.hbcbs.com.cn
电子信箱　hbcb@sdpress.com.cn
印　刷　青岛国彩印刷股份有限公司
规　格　160毫米×230毫米　32开
7.25印张　216千字
版　次　2023年1月第1版
印　次　2023年1月第1次印刷
书　号　ISBN 978-7-5474-4064-3
定　价　58.00元

序：中国近代经济地理研究的新进展

吴松弟

在正式开展中国近代经济地理研究之前，我们从2000年左右开始，用约十年的时间，大体上完成了东北、华北、华东、华中、西南、华南等区域的二十余个口岸城市及其腹地的研究，形成了一系列论著，其中广被引用的《中国百年经济拼图：港口城市及其腹地与中国现代化》一书，即由山东画报出版社于2006年出版。

在近代"港口—腹地"研究的基础上，2008年，我们联合二十五位学者开始撰写九卷本的《中国近代经济地理》，由华东师范大学出版社于2014年至2017年陆续出版。该丛书共分为九卷，第一卷《绪论和全国概况》为总论卷，从全国层面分别讨论了近代中国贸易和商业、人口、农业、工矿业、交通、金融业、城市的发展及其空间分布；第二卷至第九卷为大区域卷，较为详细地探究了全国八大区域的近代经济地理状况，各卷关注近代经济变迁的空间过程，三次产业、人口、城市等部门的经济地理及其变迁。《中国近代经济地理》出版之后，在学术界和社会上产生了重要的影响，并获得多种奖项。2018年5月，荣获第十五届上海图书奖一等奖；2018年10月，荣获上海市第十四届哲学社会科学优秀成果奖学科学术奖著作类一等奖；2020年获教育部第八届高等学校科学研究优秀成果奖（人文社会科学）著作类一等奖。

中国经济地理研究的历史时段，尤其是最为重要的近代时期，具有非常重要的理论与学术意义，已成为学界的共识。在九卷本《中国近代经济地理》写作的后期，我们对哈佛大学图书馆、中国海关总署档案馆中收藏的旧海关内部出版物进行了整理、出版工作，进入了收官阶段。我们发现，中国近代经济地理在很多方面仍有待研究，大量的旧海关史料尚未得到充分利用。因此，我们决定拓宽或深化近代经济地理的研究范围，在港口—腹地、区域经济转型、城市空间演化、经济区形成、自由港和边疆贸易、贸易网络、进口替代等问题上进一步研究，这些成果被收入"港口—腹地与近代中国经济转型研究"丛书，被列入"十三五"国家重点图书出版规划项目并获得国家出版基金资助，由齐鲁书社于2020年出版。

本次出版的"中国近代经济地理研究"丛书七种，从不同的角度进一步深化了中国近代经济地理研究，具有重要的学术价值，获得了学术界的认可，获得国家出版基金资助，并被列入"十四五"时期国家重点出版物出版专项规划项目。本七卷本丛书是华东师范大学出版社九卷本的新推进，囊括了中国近代经济地理研究理论与实证方面的新进展。如果说2014—2017年完成的九卷本是一项结构严谨的近代经济地理研究尝试，是一项弥补空白的学术研究，那么，本七卷本丛书则着力于推进近代经济地理研究的新拓展，深化近代经济地理领域一些重要的理论与学术问题，遵循由浅及深、由表及里的学术思路，这是中国近代经济地理研究的新推进。

本七卷本丛书富有理论与实证的新意，深化了中国近代经济地理研究，相关内容囊括了中国近代经济地理格局、近代典型城市与区域（上海、长三角）、近代中国口岸与城市、近代中国常关贸易、近代上海外贸埠际转运、近代中国地域经济（温州及东南地区）、抗战时期边疆经济等方面最新的探索。这些研究成果，或对已有的相关研究作了进一步的探索与归纳，或弥补了之前相关议题研究的不足，或对近代中国区域经济地理与地域经济进行了跨学科的新解析和新探索。

1993年，我和邹逸麟先生撰文呼吁历史地理工作者"尤其要注重研究与经济建设有关的重大课题”，建议“历史地理学研究的历史时代应尽量后移，尤其要加强对明清乃至民国时期历史地理的研究”时，并没有想到近代经济地理会成为中国历史地理学新的学科生长点，经过近三十年的发展，取得今日之成绩，在学术界和社会上产生了广泛的影响。值此丛书出版之际，谨对山东画报出版社的大力支持表示衷心的感谢！对协助我出版“港口—腹地与近代中国经济转型研究”丛书九种的樊如森教授、对协助我出版“中国近代经济地理研究”丛书七种的方书生副教授，以及参与两套书写作的同学们（他们几乎都成长为教授、副教授），表示我本人的感谢和祝贺。值得一提的是，2012年，我申报的国家社科基金重大项目“中国旧海关内部出版物的整理与研究”开题，樊如森教授的“大阪产业部近代中国及‘海上丝路’沿线调查资料整理与研究”和王列辉教授的“21世纪海上丝绸之路的港口供需演化与均衡状态研究”，分别在2018年、2020年获批国家社科基金重大项目。这两个重大项目以及山东画报出版社等出版的两套书，不仅对历史研究，而且对国际贸易、海上航线和经济建设，都具有重大意义，作为导师，我自然为学生的成功和进步而高兴。

2021年10月

目 录

绪　论

第一节　基本概念和时间断限

一、几个基本概念

上海的埠际贸易指的是上海与其他口岸间的贸易往来，这种贸易往来有着复杂的内容和不同的性质，可以根据贸易性质的不同将上海埠际贸易划分为几种类型，分别反映上海不同功能经济中心和中转枢纽港的影响力。

（一）与外贸相关的埠际贸易——外贸埠际转运

外贸埠际转运指的是上海与各口岸之间开展的与对外进出口相关的贸易往来。假设一个口岸为A口岸，那么上海与A口岸间的外贸埠际转运指的是，上海将从国外进口的洋货转运至A口岸，同时将A口岸运至上海的土货转运到国外，上海成为A口岸对外贸易的中转点。外贸埠际转运是上海全国外贸中心影响力的体现。

需说明的问题：

上海除了与国内口岸间的外贸埠际转运，还有与国际口岸间的外贸埠际转运，这部分由于资料所限暂时无法展开，并且上海与国内口岸间的外贸埠际转运长期是上海埠际贸易的主体，因此本书所讨论的仅限于上海与国内各口岸间的外贸埠际转运，与国际口岸间的外贸埠际转运暂不包括在内。

由于上海长期是全国外贸中心和中转枢纽港，因此以其他口岸为中心对上海进行的外贸中转显然居于次要。故本书有关外贸埠际转运，都以上海为中心，以其他口岸为中心对上海进行的外贸中转暂不包括在内。

（二）与内贸相关的埠际贸易——内贸埠际转运和内贸埠际直运

本书所说的内贸，是指国内各口岸间的土货贸易往来，即仅限国内贸易的本国商品流通。各口岸间流通的洋货及待运送出口国外的土货均不属于本书内贸讨论范畴。上海与内贸相关的埠际贸易中，又可分为两种类型，即内贸埠际转运与内贸埠际直运。

1.内贸埠际转运

上海的内贸埠际转运指的是，上海将由A口岸运来的土货转运至另一个国内口岸B口岸，起到内贸中转的作用。内贸埠际转运是上海全国内贸中转枢纽港影响力的体现。

2.内贸埠际直运

上海的内贸埠际直运指的是，上海本口土货运往A口岸，供A口岸直接消耗；A口岸的本口土货运往上海，供上海本地直接消耗。即仅限上海与A口岸间的本口土货相互往来，不涉及转运，此为上海内贸埠际直运讨论范畴。进入20世纪后的内贸埠际直运是上海全国工业中心影响力的体现。

（三）进口与出口

进口，指各口岸由国内、国外其他口岸或市场进口商品。

出口，指各口岸商品出口往国内、国外其他口岸或市场。

二、时间断限

上海1843年正式开埠，19世纪50—60年代，其全国贸易中心的地位开始确立，而五口通商时期北方和长江各口岸尚未开放，上海的外贸埠际转运还没有在全国完全展开。并且五口通商时期各口处于清朝官员管理之下，组织管理散漫松弛，偷税漏税层出不穷，在1864年前的海关统计中，各关的分类、方法、货物单位、货物价值等方面还没有划一的制度，缺乏系统的统计。①

1860年前后，在一系列不平等条约中约定开放的各口岸，在赫德署理的中国海关管理下先后开关。1861年5月，先后开办了镇江关、津海关（天津）、浙海关（宁波）。1862年1月，江汉关（汉口）开办。1863年3月，东海关（芝罘，后改称烟台）开办。1864年5月，山海关（牛庄，后改称营口）开办。②在外籍税务司的管理下，中国海关开始按照西方的管理和统计理念，建立起一套较为系统的海关统计体制。至1864年，海关贸易统计的格式逐渐形成，尤其对埠际贸易和对外进出口的统计开始分别记载，运销外洋和埠际之间予以区分。随着北方和长江沿江各口的开放，上海在全国的外贸埠际转运全面展开，与各口岸间埠际贸易统计数据也趋于完善。1864年是中国各口岸贸易统计格式开始形成系统的时间，上海与其他口岸间的埠际贸易统计也始见于1864年，因此本书以此作为研究上限。③

1864—1930年间，海关对于上海与各口岸均有分关贸易统计。但1932年开始，中国海关总税务司署对海关贸易统计和报告的编纂做了重要的变革，有关各关的内容均被汇总精简，而以全国性的商品统计为主，分关贸易统计难以详尽。④并且1931年日本占领东北三省，占全国进出口总值20%的东北三省已不列入中国对外贸易的统计范围之内，1937年全面抗战正式开始，30年代的中国对外贸易多处于非常态之下。

①吴松弟、方书生：《一座尚未充分利用的近代史资料宝库——中国旧海关系列出版物评述》，《史学月刊》2005年第3期。

②陈诗启：《中国近代海关史》，人民出版社2002年版，第70～71页。

③中国第二历史档案馆、中国海关总署办公厅编：《中国旧海关史料（1859—1948）》，京华出版社2001年版。

④吴松弟、方书生：《一座尚未充分利用的近代史资料宝库——中国旧海关系列出版物评述》，《史学月刊》2005年第3期。

因此本书以1930年作为研究下限，试对1864—1930年间上海外贸埠际转运进行梳理与分析，提供在这段时期内上海外贸埠际转运的变化情况。

第二节　学术史回顾

上海在开埠之前就是国内贸易中转中心，主要对东北、华北、华南及长江三角洲之间的贸易起着内贸中转的作用。自1684年设立海关起，“凡远近贸迁，皆由吴淞口进舶黄浦，城东门外，舳舻相衔，帆樯栉比，不减仪征、汉口”[①]。1843年正式开埠后，在对外贸易的带动下，上海与全国对外开放的通商口岸间的埠际贸易流通量变大，商品类型也发生了变化，上海埠际贸易，尤其是外贸埠际转运在全国的重要性日益凸现。鉴于近代上海埠际贸易的重要性，以往对上海经济、城市、贸易、港口的研究成果中，均对之有所涉及，有对近代上海埠际贸易的概述，也有对上海与各区域口岸间埠际贸易关系专门的论述。

一、近代上海埠际贸易概述性研究成果

20世纪90年代以来出版和发表了一批上海城市史、经济史综合研究的优秀科研成果，这些论著中对上海埠际贸易都有所提及和论述。

张仲礼主编《近代上海城市研究》[②]一书，从城市史研究的角度，强调了上海在全国埠际贸易中的重要地位及其全国进出口贸易总汇地位的确立，对上海与各口岸间埠际贸易关系的讨论主要集中在20世纪30年

①乾隆《上海县志》卷一。
②上海人民出版社1990年版。

代。熊月之主编《上海通史·晚清卷》①，以专章谈了上海“内外贸易中心地位的确立”，对鸦片战争前后长江流域埠际贸易的基本格局及其与上海的关系、1895年前上海与长江流域直接贸易的沟通做了论述，强调了长江流域的开通对上海埠际贸易的意义，并从上海作为近代中国中外贸易与国内埠际贸易啮合点的角度，强调了近代上海中国内外贸易中心的地位。该书的特点是注重从宏观的角度，强调上海国内埠际贸易对于其全国贸易中心地位的重要性。丁日初主编的《上海近代经济史》第一、二卷②，是迄今唯一的综合性近代上海经济史专著。该书对上海埠际贸易，尤其是外贸埠际转运关注较多，对上海外贸埠际转运在全国的网络初步划分了层次，具体到各个口岸所占的比重，并对主要商品的变化，影响上海埠际贸易的工业、商业、金融业及厘金制度等相关因素均做了较为详尽的论述，以经济史的研究方法呈现了上海埠际贸易的变迁。

以上三部研究上海城市史、经济史的综合性著作，主要从宏观上对上海埠际贸易的重要性、上海埠际贸易产生的影响，以及影响上海埠际贸易的主要因素进行了分析，以大视角呈现了上海埠际贸易的主要状况。

就上海外贸的研究来说，上海社会科学院经济研究所、上海市国际贸易学会学术委员会编的《上海对外贸易（1840—1949）》③，是目前研究上海对外贸易最为完整的一部著作，因其主要关注上海在1840—1949年间对外贸易商品、贸易国别、贸易方式及与贸易相关的各行业的变化，故关于埠际贸易的论述散见于对这些要素的论述之中，深入讨论不多。但其中统计资料甚丰，主要来自南京第二历史档案馆、上海海关、日本上海商工会议所年报，以及早自20世纪60年代就为编写此书广泛

①上海人民出版社1999年版。

②第一卷（1843—1894），上海人民出版社1994年版；第二卷（1895—1927），上海人民出版社1997年版。

③上海社会科学院出版社1989年版。

采访的资料，为上海埠际贸易的研究提供了重要的背景和参考。

近年来出版的樊卫国《激活与生长——上海现代经济兴起之若干分析（1870—1941）》[①]一书，以经济学、市场学的研究方法，对埠际贸易在上海现代经济兴起的过程中所起的作用给予了特别关注，在谈到国内商品流通网络形成的章节中对上海的埠际贸易进行了考察，划分了上海与各地的贸易网络，并注意到不同口岸与上海埠际贸易的不同特点，进行了分类。樊卫国对上海埠际贸易研究的其他成果还有《民国上海埠际贸易的变迁（1912—1937）》[②]《二十世纪前期长江沿岸城市的外贸互动关系》[③]《近代上海口岸市场对内地市场的辐射和制导》[④]等，多注重从市场学和经济学的角度分析上海的埠际贸易，将上海历史时期的埠际贸易纳入市场经济发展的轨道内，为上海埠际贸易的研究提供了新视角。

对上海埠际贸易概述性的研究成果还有凌小言、孙东华的《解放前上海口岸的对外中转贸易》[⑤]，该文对上海口岸对外中转贸易的历史划分了时段，简要叙述了各时段的变化，并提出了今天上海强化口岸功能、开展转口贸易可资借鉴的历史经验。

海外学者在上海史的研究中，对上海埠际贸易的论点也很有特色。罗兹·墨菲的《上海——现代中国的钥匙》[⑥]，注重从地理学的角度来说明上海埠际贸易发达的原因，作者认为上海所处的有利位置，使它可以对内通过水道与几乎半个中国的内地贸易区直接联系，对外通过外洋航线与西欧、北美、日本及东南亚重要港口联系，这是上海成为中国转船运输枢纽的重要原因。

---

①上海人民出版社2002年版。

②《社会科学》1997年第7期。

③《档案与史学》2000年第6期。

④《学术月刊》2004年12月。

⑤《上海经济研究》1992年第1期。

⑥上海社会科学院历史研究所编译，上海人民出版社1986年版。

二、近代上海与各区域口岸间埠际贸易研究成果

20世纪90年代以来出版的关于上海与区域性城市的系列研究著作中，对上海与各区域口岸间的埠际贸易都给予了很多关注，做了专门探讨。

如张仲礼主编《东南沿海城市与中国近代化》①，在“东南五口国内贸易的发展变迁”问题里对上海与汉口、天津及东南沿海的宁波、福州、厦门、广州之间的埠际贸易做了概要叙述，尤其着重谈了上海与东南沿海其他口岸之间的埠际贸易。近年来由张仲礼、熊月之、沈祖炜主编的《长江沿江城市与中国近代化》②，对开埠以来至20世纪30年代的上海与汉口、沙县、九江、芜湖、宜昌、重庆、镇江、南京等长江沿江口岸间的埠际贸易互动有集中论述，将重庆、汉口、上海分别划为长江上、中、下游三大进出口货物集散中心，对三大贸易圈分别进行了阐述，并从商贸、金融、工业等角度指出了上海对长江各埠的影响和制约。以上两部著作为上海与各区域口岸间埠际贸易研究奠定了坚实的基础。

戴鞍钢先生的《港口·城市·腹地——上海与长江流域经济关系的历史考察(1843—1913)》③，是首部以经济学、地理学、历史学、社会学等多学科专业知识和方法，将上海的港口、城市与腹地作为一个整体进行研究的专门论著，不仅从市场流通的角度对上海与长江流域口岸间的中转集散体系进行了阐述，还对上海与天津、营口、烟台的埠际贸易及主要商品进行了考察，揭示了上海埠际贸易的重要影响。该书还注意到近代上海国内埠际贸易的不同性质，将之分为进出口商品的转口贸易和本国产品的埠际流通。戴鞍钢先生的一系列论文，如《近代上海与长

① 上海人民出版社1996年版。

② 上海人民出版社2002年版。

③ 复旦大学出版社1998年版。

江流域市场网络的架构》[①]《近代上海与长江流域商路变迁》[②]《近代上海与川滇藏货运网络》[③]《近代上海国内沿海埠际贸易探析》[④]《口岸贸易与晚清上海金融业的互动》[⑤]等，对上海与各区域口岸间，尤其是与长江流域的埠际贸易进行了深入而广泛的探讨，为进一步的研究提供了非常宝贵的参考。

由于上海的重要性，与之关系密切的各口岸研究著作中涉及上海与该口岸间埠际贸易关系的很多，如姚洪卓主编《近代天津对外贸易（1861—1948年）》[⑥]，［美］罗威廉著，江溶、鲁西奇译《汉口：一个中国城市的商业和社会（1796—1889）》[⑦]，周军、赵德馨《长江流域的商业与金融》[⑧]，等等。鉴于上海的重要性，各口岸的港史对与上海的埠际贸易也多少有所涉及，在此不一一枚举。与上海关系密切的各区域的学者也对上海与该区域口岸的埠际贸易给予了特别关注。山东省的学者庄维民即对近代上海与华北三口岸间的埠际贸易，从港口—腹地的角度进行了考察，并对天津、烟台、青岛与上海之间的贸易依存度及对双方的影响做了分析。[⑨]

涉及上海与各区域口岸间埠际贸易的论文成果还有：樊如森《论北方在近代上海经济发展中的作用》[⑩]、张思《19世纪天津、烟台的对外贸易与传统市场网络——以洋纱洋布的输入与运销为例》[⑪]、沈祖炜《近

①《复旦学报》（社会科学版）1996年第5期。

②《近代史研究》1996年第4期。

③《天府新论》1997年第2期。

④《上海研究论丛》第11辑。

⑤《复旦学报》（社会科学版）2003年第2期。

⑥ 天津社会科学院出版社1993年版。

⑦ 中国人民大学出版社2005年版。

⑧ 湖北教育出版社2004年版。

⑨ 见复旦大学历史地理研究中心主编：《港口—腹地和中国现代化进程》，齐鲁书社2005年版，“贸易依存度与间接腹地：近代上海与华北市场经济”一节。

⑩《城市史研究》第23辑。

⑪《史林》2004年第4期。

代沪渝经济关系的特点》[1]、竺菊英《从近代宁波轮船航运业的产生和发展看沪甬两地经济互动关系》[2]、竺菊英《近代宁波对外贸易衰落原因探析》[3]等等。

海外关于上海史的研究著作对上海与各区域口岸间的埠际贸易也有所涉及，如戴义思的《上海模范租界居住三十年生活忆旧》[4]。作者是苏格兰人，1870年来上海后便在此长期生活，其书中对上海与汉口、九江等地的茶叶贸易活动有详细记载，对中国茶商的经营情况有生动描述，有助于对上海与长江流域口岸茶叶埠际贸易的了解。

这些研究成果为上海埠际贸易研究的进一步展开奠定了非常坚实的学术基础。

三、已有研究的局限

现有关于上海埠际贸易的研究成果已具有很高的学术意义，为本书的研究提供了良好的基础，但是也存在一定的局限性。

对上海埠际贸易性质的细分不够。上海的埠际贸易是一个复杂的体系，可以根据其不同性质划分为不同的类型。戴鞍钢先生在其论著中指出，上海的埠际贸易可分为进出口商品的转口贸易和本国产品的埠际流通两种类型，是对上海埠际贸易细致入微的体察。在此基础上，对上海的埠际贸易还可以做进一步的细分，本国产品的埠际流通还可以分为内贸埠际直运与内贸埠际转运。在上海不同性质的埠际贸易中，外贸埠际转运只是上海埠际贸易的一部分，在相当长的时期内居于主要地位，随着外贸埠际转运的衰落，继之而起的是上海与其他口岸间的内贸埠际直

①《社会科学》2000年第7期。

②《学术月刊》1994年第9期。

③《浙江学刊》1996年第2期。

④Dyce, Charles M., *Personal Reminiscences of Thirty Year's Residence in the Model Settlement, Shanghai, 1870-1900.* London, Chapman & Hall, 1906.

运。[①]埠际贸易是上海在全国经济活动中的重要组成部分，不同性质的埠际贸易其实反映了上海在全国经济中不同方面的影响力。而现有的研究中有些注意到上海埠际贸易中的不同内容，但并没有做进一步的明确划分，更没有对其不同性质埠际贸易所代表的不同意义予以应有的重视，还有些只是笼而统之地讨论，这样不利于分辨上海不同性质埠际贸易前后相继的发展，以及由此反映出来的上海贸易与经济地位的变化。

在时间上和空间上的考察不够全面，对上海外贸转运中心地位的认识相对笼统。以往的研究中多强调上海作为全国外贸中心和其外贸中转在全国的重要地位，但是缺乏以系统的数据，在长时间段内对上海在全国外贸埠际转运中所占的比重、影响空间的变化及其外贸埠际转运中心地位的变迁予以考察。随着时间的推移，上海外贸埠际转运在全国外贸中所占的比重、影响的空间都在发生着变化，量变积累到一定程度就会引起质变。因此有必要在时间上和空间上对上海外贸埠际转运仔细考察，否则不利于正确认识其外贸转运中心地位在历史时期的变迁。

以宏观研究为主，对上海与个别口岸间的埠际贸易关系的微观研究不够。现有的研究成果已对上海与各区域口岸间的埠际贸易网络进行了初步的划分，但是对上海与个别口岸间的埠际贸易关系及特点，则深入不够。如天津、汉口等区域性中心口岸，与上海的埠际贸易各具特色，在不同历史时期也各有不同。微观的埠际贸易个案研究，有利于厘清上海对不同区域口岸影响力的不同及变化，以免不恰当地评价上海在全国的影响力，以往的研究在这一点上似有所欠缺。

本书试图在前人研究的基础上，对上海埠际贸易进行进一步的探讨，弥补已有成果的某些不足，以便抛砖引玉，把上海埠际贸易的研究引向深入。

---

① 关于上海不同类型埠际贸易的具体定义见本章第一节。

第三节 研究的意义与创新

一、研究的理论与现实意义

上海位于中国海岸线中点和长江入海口的优越地理位置，使其与全国各主要口岸间往来便利。1843年，上海正式开埠，并很快取代广州，成为中国最大的对外贸易口岸。上海在成为全国外贸中心的同时也成为全国外贸转运中心，与各口岸间的外贸埠际转运在相当长的时期内成为上海埠际贸易的主要内容，因此有必要将其与上海其他类型的埠际贸易区分开来，单独考察。

从时间上看，历史时期上海外贸埠际转运在全国外贸中比重的高低、对各区域影响力的强弱变化，并非一成不变，而是一个发展的、动态的过程。对其在历史时期的变化予以系统的考察，可以对不同时期上海外贸埠际转运在全国的影响程度予以客观的评价。

从空间上看，上海与各口岸间的外贸埠际转运，不仅影响着对象口岸，也连带影响着对象口岸背后更为广阔的腹地。上海与各区域口岸间外贸埠际转运密切程度的不同，体现了上海作为全国外贸转运中心的影响范围及其变化。从微观上深入研究上海与各区域主要口岸间的外贸埠际转运，可以使上海外贸转运中心的影响力研究细化，并凸现上海与各区域口岸间外贸埠际转运的不同特点，是十分必要的。

通过从时间上和空间上，对近代上海外贸埠际转运系统考察，有助于还原历史时期上海外贸埠际转运在全国外贸中的真实地位及其变迁，对上海全国外贸转运中心地位的变化给予科学的评价。

上海与各口岸间密切的外贸埠际转运联系，与上海工业中心、航运中心、金融中心、商业中心的发展密切相关。上海因港兴贸，因贸兴商，因贸商促进工业和金融的发展。因此历史时期上海之所以成为多功能经济中心，是在其外贸中心、工业中心、航运中心、金融中心、商业中心功能的相互促进下共同发展起来的。上海的外贸埠际转运很好地体现了上海多功能经济中心的相互作用。在上海不同类型埠际贸易的兴起与衰落中，还折射出上海多功能经济中心在历史时期不同功能的相互补充和影响的前后相继，从这一点上说，上海外贸埠际转运的变迁研究意义更加重大。

二、学术上的创新点

本书的学术创新点，主要体现在概念、观点和方法的创新上。

（一）概念的创新

以往对上海的埠际贸易提法较为笼统，实际上上海的埠际贸易是一个复杂的体系，可以根据其性质的不同划分不同的类型，其内涵及所反映出来的问题远比我们想象的丰富。因此在对上海埠际贸易的研究中，我经过大量实证研究和理性思考，提出了上海的外贸埠际转运、内贸埠际转运、内贸埠际直运三个概念，对上海不同的埠际贸易类型予以区分和界定，并将这三种类型的埠际贸易与上海不同功能的经济中心及中转枢纽港的地位分别相联系。外贸埠际转运体现了上海作为全国外贸中心的影响，内贸埠际直运体现了上海作为全国工业中心的影响，而内贸埠际转运体现了上海作为全国内贸中转枢纽港的重要地位。对上海不同类型埠际贸易概念的界定及厘清，有助于更清楚透彻地理解上海埠际贸易的体系。

（二）观点的创新

以往的研究中对上海外贸转运中心地位的变迁轨迹，缺少细致的厘清和深入的探讨。此外，外贸埠际转运是研究上海在全国经济地位的一个很好的切入点，与上海多功能经济中心的地位密切相关。本书通过对上海外贸埠际转运的研究，在大量的实证基础上，提出了自己的观点：

第一，上海作为全国外贸转运中心的地位并非一成不变，而是经历了一个由鼎盛到衰微的过程，1930年的上海已由全国外贸转运中心退化为华中地区的外贸转运中心。

第二，上海的这一转变，直接导致了全国口岸贸易格局的变化，形成了华中以上海为外贸转运中心，华南以香港为外贸转运中心，华北和东北则分别以各自地区中心口岸为主，再无一个全国性外贸转运中心统领全局的新格局。

第三，在对外贸易中，上海工业中心为外贸中心地位提供了有力的支持。上海外贸总量之所以没有随着外贸埠际转运量同步下降，而是始终保持全国外贸中心的地位，正是由于上海工业中心地位兴起，使得上海自身消耗与输出增多，对上海外贸中心地位给予了有力的支持。在国内埠际贸易中，上海的影响力则经历了由外贸中心向工业中心的转化，体现了上海作为全国工业中心对国内其他口岸的牵引力和影响力。

本书以外贸埠际转运为视角，对上海全国外贸转运中心的地位进行了厘清和甄别，揭示了上海外贸转运中心演变导致的全国口岸贸易新格局，并对上海多功能经济中心在全国对外贸易和埠际贸易中功能的演变提出了不同论点。

（三）方法的创新

在研究方法上，本书主要采用的是历史经济地理的方法。

历史地理是一门研究历史时期地理分布的学科，尤其强调空间分布的概念。历史经济地理是历史地理的一个分支，是研究历史时期经济现象的地理分布的一门学科。它将历史学的时间化观念、地理学的空间化观念和经济学的量化观念，进行了有机的结合，吸收了这三门学科的长处和优势，又尽量克服这三门学科研究方法的不足，因而保证了研究结论的科学性。

本书的研究，将历史经济地理的研究方法贯穿始终，弥补了经济史研究中空间观念的不足、现代经济地理学对古今变迁的忽略，以及经济学忽略社会复杂性的量化模型的机构性，从历史经济地理的研究视角，在丰富、翔实的历史资料的基础上，将历史时期上海外贸埠际转运的变迁尽可能量化，并在研究中注重空间分布的观念，尽量科学地、完整地复原上海外贸埠际转运在时间和空间中的变迁。

第四节　运用的基本资料和要解决的主要问题

一、运用的基本资料

本书研究所利用的核心资料，是中国旧海关系列出版物和英国驻各口岸领事贸易报告。

近代中国海关自1860年开始即按照西方的管理和统计理念，建立起一套严格的申报、汇总、出版体制，基本持续到1949年。[①]其中既包括系统的统计数据，也包括由海关税务司撰写的较为详细的文字报告。2001年中国第二历史档案馆和中国海关总署办公厅与京华出版社合作，影印出版了170卷本的《中国旧海关史料》，收集了年度贸易统计和贸易报告组成的海关年刊及十年报告，为研究上海与全国各口岸的埠际贸易关系提供了很大的方便。但是《中国旧海关史料》并未将旧海关出版物全数收入，1920—1930年间的各关分关贸易统计及报告便没有收入。为寻找这部分数据，我在上海图书馆、上海档案馆、徐家汇藏书楼、复旦大学图书馆各处搜寻，还专程去南京中国第二历史档案馆查阅了所有旧海关档案，并请导师吴松弟老师代为在哈佛大学图书馆调阅查找所缺部分，最后在中国海关总署直属的上海海关高等专科学校图书馆找到了1920—1930年间的《中华民国海关华洋贸易总册》，补全了所缺的数据

①吴松弟、方书生：《一座尚未充分利用的近代史资料宝库——中国旧海关系列出版物评述》，《史学月刊》2005年第3期。

及文字报告，使研究下限得以顺利地延至1930年。

海关数据的统计具有一定的缺陷，如不包括非法的进出口，也不包括纯粹的内陆贸易。此外，传统运输工具（如牲畜与木船）向现代运输工具（如铁路、汽船）的转变，会使原来没有记录的贸易计入海关的范围内，使贸易总量看起来似乎有所增多。统计范围、方式的改变，均会对海关统计数据产生影响。在单位、术语、贸易总量等使用上，也需小心鉴别。尽管有以上种种不足，海关统计数据仍具有很高的精确性。首先，海关数据反映的关于区域产品模式与外部交通模式的混合证据，模式是一致的。其次，各年份海关统计数据是内在连续的，显然摆脱了明显的打印与抄写错误。第三，海关最小化了欺骗与勾结带来虚假数据的可能性，对雇员的失职与不诚实一律给予严惩，因此尽管一些观察人士认为海关统计倾向于减低贸易值，但是没有证据表明中国海关对贸易数据有刻意误报或歪曲。最后，各口岸贸易数据与其贸易伙伴的并不完全一致，但出入不大，出现不一致的原因可能有海运的遗失、货物在国内目的地的转移、时间上的滞后（例如年底有时一口岸的货物已经运出，计入出口统计中，而对方口岸尚未接收，故未计入当年的进口中）、账目惯例上的不同。这些合理的可能性，完全可以解释双方口岸数据的些微出入。[①]并且，海关的贸易统计模式，多年保持一致，使历史时期前后年份的数据具有可比性。"这些统计报告包括了所有中国的对外通商口岸，它们都是非常仔细和系统地编制起来的。它们是中国仅有的可靠而又全面的统计资料，其质量可与任何西方国家的同类报告媲美。"[②]因此，在研究中国近代口岸贸易时，海关统计数据有着无可替代的价值。

海关文字报告包括每年的贸易报告以及十年报告。文字报告中涉及

①Thomas P.Lyons, *China Maritme Customs And China's Trade Statistics*（*1859-1948*），Willow Crerk Press, 2003. 吴松弟、樊如森等译编，未出版稿。

②郑友揆著，程麟荪译：《中国的对外贸易和工业发展（1840—1948年）——史实的综合分析》，上海社会科学院出版社1984年版，第15页。

的内容很广泛，不但对所述年份的贸易总况、进出口商品、关税等情况进行叙述，对工业、农业、商业、交通运输、政治、军事、财政金融、人口等多方面均有记述或统计，并且在时间上具有连续性，可以前后对比，对于研究各时期有关口岸的贸易与经济发展非常有参考价值。上海、天津、宁波、厦门、福州、温州、杭州、汕头等口岸的海关年度贸易报告及十年报告均已由英文翻译为中文出版，为这些口岸间的埠际贸易研究提供了很大的方便。

除了旧海关出版物，20世纪30—50年代出版的一批贸易统计资料，如蔡谦、郑友揆主编《中国各通商口岸对各国进出口贸易统计（民国八年，十六年至二十年）》①，韩启桐编纂《中国埠际贸易统计（1936—1940）》②，实业部国际贸易局编纂《最近三十四年来中国通商口岸对外贸易统计》③，杨端六、侯厚培编《六十五年来中国国际贸易统计》，中国银行总管理处调查部出版《最近中国对外贸易统计图解（1912—1930）》④等书，从海关总署调出大量原始的海关统计资料，整理后出版，弥补了旧海关出版物统计中的一些不足，在研究中可与旧海关出版物相互借鉴、补充。

为了保护本国商人的在华利益，英国在各通商口岸驻有领事馆，每年英国领事需提交该年的贸易报告，其中也包括当地的贸易、经济、社会及文化等各方面状况。其中英国驻沪领事贸易报告已经编译出版，为上海的埠际贸易研究提供了帮助。⑤清代至民国时期的报纸、期刊、调查资料及专著，均有对当时口岸贸易状况的直观记载，也是上海埠际贸易研究重要的原始资料来源。

---

①上海商务印书馆1936年版。

②中国科学院1951年版。

③上海商务印书馆1935年版。

④中国银行总管理处调查部1931年版。

⑤李必樟编译：《上海近代贸易经济发展概况（1854—1898年）——英国驻上海领事贸易报告汇编》，以下简称《英国驻上海领事贸易报告汇编》，上海社会科学院出版社1993年版。

二、要解决的主要问题

本书主要在以上资料的研究基础上，解决以下关于上海外贸埠际转运的问题：上海外贸埠际转运在全国外贸中的比重、上海与全国各口岸间的外贸埠际转运网络、上海外贸埠际转运在全国外贸中的变化趋势、上海与典型口岸间的外贸埠际转运个案研究。在此基础上，对上海外贸转运中心地位予以甄别，对与外贸埠际转运相关的航运、金融、商业等方面进行探究，并探讨在全国对外贸易与埠际贸易中上海多功能经济中心不同功能的转换及相互支持。

第一章

上海外贸埠际转运在全国的地位

本章拟对上海外贸埠际转运在全国外贸中的变迁进行初步考察，以探讨上海外贸埠际转运在全国外贸中所占的比重、在全国的影响范围，以及由此反映出来的上海全国外贸转运中心地位的变迁。

第一节　开埠初期上海的外贸埠际转运

上海位于中国东部海岸线中点，扼长江入海口，由于自然地理条件的优越和江南地区经济的发展，早在开埠前就已经成长为我国主要的沿海贸易港和第二大外贸港口，[①]是我国沿海南北洋海运和长江流域贸易往来的枢纽，有“江海之通津，东南之都会”[②]之称。在开埠以前，上海贸易中转的重要性就已初露端倪。当时有新加坡、马六甲、槟榔屿、爪哇等地的船只驶来上海，上海则将这些船只运送来的大批商品转运到中国北方。据载，从上海开回北方的船只运回的有欧洲货品以及火石、鸦

---

①吴松弟：《明清时期我国最大沿海贸易港的北移趋势与上海港的崛起》，《复旦学报》（社会科学版）2001年第6期。

②陈文述：《嘉庆上海县志序》。

片、糖、胡椒、海参、燕窝等货物。在转运进口洋货的同时，上海也承担着土货中转出口的职责，每年几千艘船沿长江东下，把准备出口的货物运到上海，再通过海船载运到海外。[①]但是，这一时期上海贸易总量中的海外贸易比例很小，仅占3%—4%。[②]由于清朝的一口通商政策，广州才是全国最大的对外贸易中心，上海的外贸埠际转运在全国外贸中的比重并不突出。

随着1843年的开埠，上海的对外贸易迅速发展，19世纪50年代初期，上海已取代广州，成为全国最大的外贸口岸。[③]五口通商时期，上海已经开始承担对其他口岸的外贸埠际转运。中国这一时期的主要出口商品茶和丝，由运往广州转运出口，变为运往上海转运出口，“就平水当地业茶者，在清嘉庆、道光间，平茶已有输往海外，当时由广州出口……迄五口通商以后，平茶出口咸由宁波而趋上海矣”[④]。对于尚未开埠的北方口岸，上海也已逐渐开始发挥外贸埠际转运的作用，1856年上海进口工业品中的2/3由海运运往营口[⑤]、烟台[⑥]等北方口岸，再从那里分配到北方内地。英国领事对此寄予很大希望，在贸易报告中说：“商品目的地的这种变化证明了我们的工业品在长江以北有了出路。如果中国人能够成功地利用他们的小船从事于上海到山东和北直隶各口岸的运输业务，那么用我们加装了蒸汽机的船来运的话，就能装得更多了。”[⑦]

---

①姚贤镐编：《中国近代对外贸易史资料（1840—1895）》，中华书局1962年版，第555页。

②《上海港史话》编写组：《上海港史话》，上海人民出版社1979年版，第20页。

③黄苇：《上海开埠初期对外贸易研究（1843—1863年）》，上海人民出版社1979年版，第71～75页。

④国民党建设委员会经济调查所统计课编：《浙江之平水茶》，国民党建设委员会调查所1937年版，第2页。

⑤曾称牛庄。

⑥曾称芝罘、登州。

⑦李必樟编译：《英国驻上海领事贸易报告汇编》，“领事罗伯逊1856年度上海港贸易报告”，第16、44页。

这一时期的上海外贸埠际转运缺乏系统的统计数据，当时全国对外开放的口岸有限，上海作为全国最大的外贸口岸的地位刚刚初步确立，其外贸埠际转运还未能完全展开，因此其在全国范围内的影响也是有限的，“开埠的最初的二十年发展，大体上还只能说是近代上海贸易中心地位形成的前奏”①。第二次鸦片战争后，随着北方的天津、营口、烟台和长江流域的汉口、九江、镇江等一系列重要口岸陆续增辟，上海联结的口岸越来越多，上海外贸埠际转运的重要性变得越来越突出。

第二节　上海外贸埠际转运在全国外贸中的比重

第二次鸦片战争后，北方和长江流域各口岸相继开放，使得上海外贸埠际转运的规模和范围均有了新的发展，外贸埠际转运也成为上海埠际贸易最为重要的内容，“在外国货船运载的商品中，多数是转口的进口商品，以及从内地口岸装来供出口的土产”②，上海逐渐发展成为全国外贸转运中心。1863年，上海进口商品（不包括鸦片）中留存本地消费的不到1/3，其余2/3均转运其他口岸，“已清楚地表明了上海作为扬子江和沿海各口岸的商业中心的程度”③。以下从上海外贸埠际转运在全国外贸中比重的变化，来看上海作为全国外贸转运中心的变迁。

①熊月之主编：《上海通史·晚清经济》，上海人民出版社1999年版，第248页。

②李必樟编译：《英国驻上海领事贸易报告汇编》，“参赞威妥玛附于1864年度上海贸易统计表的备忘录”，第80页。

③李必樟编译：《英国驻上海领事贸易报告汇编》，“领事巴夏礼附于1863年度上海贸易统计表的备忘录”，第73页。

一、上海洋货外贸埠际转运在全国进口中比重的变迁

图1-1反映了1864—1930年上海洋货外贸埠际转运占全国进口比重的变化，根据变化趋势，可以1904年为界，将上海外贸埠际转运对全国进口的影响变化大致划分为两个时期：

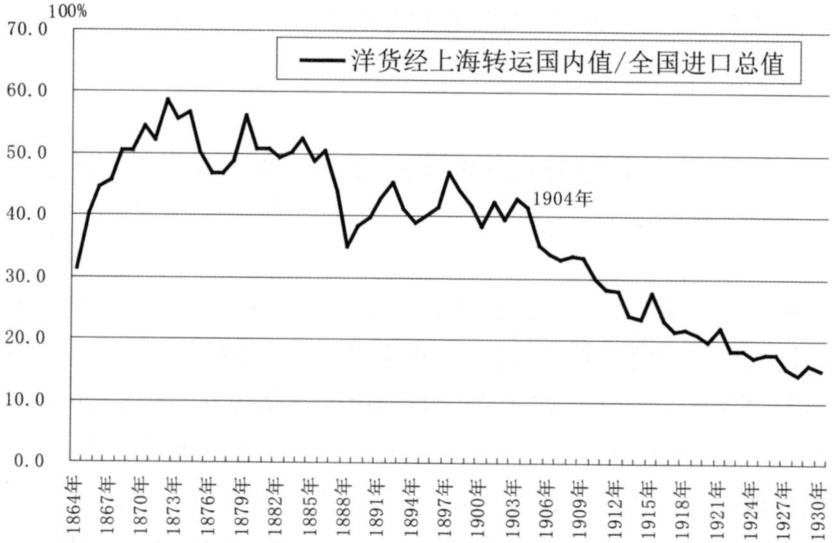

图1-1 上海洋货外贸埠际转运占全国进口比重图（1864—1930）

资料来源：见附表一“上海外贸埠际转运占全国外贸比重表”。

（一）鼎盛时期（1864—1904）

这段时期，上海转运国内的洋货占全国进口比重平均高达46.1%，说明上海的洋货转运在全国进口中至关重要，体现了其强大的外贸转运影响力。

鸦片和棉制品是中国这一时期的主要进口商品，而上海成为这两项商品最大的集散地。经上海转运的鸦片长期占全国鸦片进口总数的50%

左右。华中地区的汉口、九江、镇江、宁波和北方的天津、营口、烟台，鸦片进口都依赖上海转运。1874年英国驻沪领事报告中提道：“在出口鸦片的运销方面，同以前一样，运出总数的一半多一点分给了长江的三个口岸（指汉口、九江、镇江——笔者注），其中以镇江为主要消费地，居于首位，余数则由三个北方口岸（指天津、营口、烟台——笔者注）以及宁波港予以吸收。”[①]由上海转运的鸦片是这些口岸进口鸦片的主要来源。如1894年天津和汉口的进口鸦片中经上海转运的分别高达92%和98%。上海同时也是全国棉制品进口和转运的最大口岸，每年经由上海进口的大量棉制品“被运销到诸如天津和汉口等口岸，而上海则成为这些口岸的供应港”[②]。

自19世纪70年代中叶开始，上海洋货外贸转运占全国进口总值的比重出现了下降，这是因为自19世纪60年代十口通商起，中国的对外通商口岸不断增辟，截至1904年已经达到50个。[③]新增辟的口岸对洋货的进口产生了一定的分流，早期开放的口岸独立进口的能力也在增强。因此上海洋货外贸埠际转运占全国进口总值的比重，由50%左右下降到1904年前的40%左右，下降了约10%。

值得注意的是，尽管这一比重有所下降，但下降的总体过程较缓和，并且仍然维持在40%左右。这主要是因为一些重要口岸在这一时期尚在成长中，直接进出口虽然有所发展，但总的来说在对外贸易上还需依赖上海。以天津和汉口为例，尽管天津的外国洋行认为“天津是一个很大的洋货进口港，可以同生产国进行直接贸易”，因而急切地想发展直接贸易，但这一愿望由于港口航运条件、金融条件、货源条件等方面

①李必樟编译：《英国驻上海领事贸易报告汇编》，“领事麦华陀1874年度上海港贸易报告”，第330页。

②李必樟编译：《英国驻上海领事贸易报告汇编》，“领事文极司脱关于1866年度上海贸易的商务意见摘要”，第123页。

③严中平等编：《中国近代经济史统计资料选辑》，科学出版社1955年版，第42~45页。

的欠缺，20世纪初之前一直未能实现。[①]1904年，经上海转运的洋货仍占天津洋货进口总量的53.8%，汉口的这一比例更是高达79.6%。

总体看来，1864—1904年间，中国每年进口的洋货，一半左右是由上海进口，转运至各主要通商口岸，再传播到全国各地，上海在全国洋货转运体系中的地位十分突出。1864—1904年是上海外贸转运对全国进口有强大影响的鼎盛时期。

（二）衰微时期（1905—1930）

从20世纪初开始，全国一些原有的重要口岸如天津、汉口等直接对外贸易发展迅速，同时又新兴了一批独立性很强的重要口岸，如青岛、大连等，这些口岸的直接对外贸易对全国进口产生了分流，经上海转运的洋货占全国进口总值的比重开始出现持续下降。上海海关报告中也提道："近来有一种明显的趋势，即一些较大的外地口岸，不经上海转运，直接从外国进口。不然的话，上海的贸易也许会比实际的发展更大。"[②]

这一时期，华北的主要口岸天津的独立性明显提高。1905年，天津的直接进口值占其进口总值的比重首次超过50%。从表1-1可以看出，天津在1895—1930年间洋货直接进口值增长了17倍。汉口是我国重要的内河口岸，它的增长幅度虽然没有天津大，但如表1-1所示，其直接进口值在1895年后也有了很大提高。大连于1907年开埠后迅速成为东北对外贸易的重要口岸，进出口贸易增长非常快，到1915年，其直接进口值已几乎与汉口持平，到1920年已超过了汉口和天津。

①吴弘明整理：《津海关年报档案汇编（1865—1911）》，天津档案馆、天津社会科学院历史所1993年刊印，以下简称《津海关年报档案汇编》上册，"1866年天津贸易报告"，第43~44页。

②徐雪筠等编译：《上海近代社会经济发展概况（1882—1931）——〈海关十年报告〉译编》，以下简称《上海海关十年报告译编》，《海关报告之四（1912—1921）》，第176页。

表1-1　五大口岸直接进口贸易值表（1895—1930）

单位：海关两

	1895年	1910年	1915年	1920年	1925年	1930年
大连		18671515	24865452	71040883	77991545	136829146
天津	5367536	32678087	40636947	69854893	85087916	104185112
汉口	682191	18836471	27921720	42916391	54015064	26642296
广州	16451332	32560691	26037359	32509218	40430586	51161683
上海	98639609	198285804	198214384	383917526	431887836	679741710

资料来源：根据《中国旧海关史料》历年数据整理。

因此，上海原先享有的货物分发中心的地位，“由于汉口、天津、胶州（青岛）等对外通商口岸的进口商越来越倾向于直接同欧洲、美国打交道而不是从上海进货，已受到相当大的影响”①。1930年，上海洋货转运在全国进口中所占比重降至15%，对全国进口的影响逐渐衰微，已无法与其高峰时期相提并论。

二、上海土货外贸埠际转运在全国出口中比重的变迁

与上海洋货外贸埠际转运比重的变化相比，上海土货外贸埠际转运在全国出口总值中的比重波动较大，如图1-2显示，可将上海土货外贸埠际转运对全国出口影响的变化大致分为三个时期：

（一）平稳时期（1864—1895）

1864—1895年间，上海土货转运值占全国出口总值的比重平均约24%，即每年全国出口的土货中近1/4是通过上海转运国外的，这一比

①徐雪筠等编译：《上海海关十年报告译编》，《海关报告之三（1902—1911）》，第139页。

重虽不如上海洋货转运在全国进口总值中的比重高，但在全国各口岸中仍是无可比拟的。

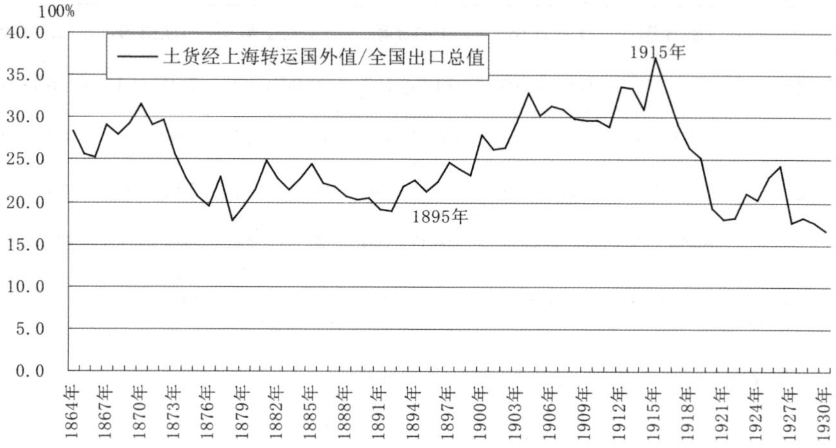

图1-2　上海土货外贸埠际转运占全国出口比重图（1864—1930）

资料来源：见附表一“上海外贸埠际转运占全国外贸比重表”

茶、丝是这一时期中国对外出口的主要商品，占全国出口商品的一半以上。而上海同安徽、江西、浙江和福建等四省的丝茶产区都有水路相连，因此成为全国丝、茶转运出口的最大口岸。[①]1877—1878年间，九江、镇江、芜湖、宁波等口岸均将绿茶运往上海，经上海转运往北美、英国及印度。[②]就生丝的出口来说，领事贸易报告中提到“上海差不多是全中国（广州除外）生丝出口的商业中心”[③]。与接下来上海土货转

①李必樟编译：《英国驻上海领事贸易报告汇编》，“领事罗伯逊1858年度上海港对外贸易报告”，第66页。

②李必樟编译：《英国驻上海领事贸易报告汇编》，“船舶登记员泰卜1877年度上海港航运业务报告”，第447页。

③李必樟编译：《英国驻上海领事贸易报告汇编》，“领事哲美森1892年度上海领事管区的贸易和商业报告”，第783～785页。

运值占全国出口总值比重的剧烈变动相比，本期内这一比重除了在19世纪70年代初有所下降外，其他时间相对平稳。

（二）鼎盛时期（1896—1915）

上海土货外贸埠际转运占全国出口的比重在1895年后逐步上升，1896—1915年间从21%上升到了37%，对全国出口的影响达到鼎盛，这与这一时期出口商品结构的变化密切相关。

1895年之前，茶、丝两项传统出口商品出口值始终占全国出口总值的70%左右。19世纪后期，由于印度、锡兰、爪哇、日本等地茶叶生产的发展，世界市场的竞争日趋激烈，中国茶出口逐渐下降。生丝也由于遇到日本生丝的强烈竞争，出口开始逐步减退。与此同时，为了迎合世界市场的新需要，一些新的出口商品如豆和豆饼、籽仁籽饼、皮及皮制品、桐油、毛类、猪鬃、羽毛等出口兴起，这使得中国的出口商品结构在19世纪末20世纪初发生了改变。

从表1-2中可以看出，茶、丝加上这些新兴出口商品共占全国出口商品的62.4%。其中茶、丝的出口比重虽然下降，但到1915年，仍占37.4%，且绝大多数仍需经过上海转运。新兴的出口商品中除了豆和豆饼，皮及皮制品、桐油、毛类、猪鬃、羽毛等也绝大多数由上海转运出去，这使得上海土货外贸转运值大增。1896年全国出口总值为131081421海关两，到1915年已经增长到418861164海关两，是1896年的3.2倍；1896年上海土货外贸转运值为29306508海关两，1915年增长到155498197海关两，是1896年的6倍。由于这一时期全国新增长的出口商品大部分经上海转运出去，上海土货外贸转运值的增长格外明显，高于全国出口的增幅。

这一时期，随着全国出口商品结构的变化，上海外贸转运对全国出口的影响不断扩大，达到鼎盛。

表1-2　1915年全国主要出口商品经上海转运比重表（%）

商品	占全国出口商品比重	经上海转运占全国出口比重	商品	占全国出口商品比重	经上海转运占全国出口比重
茶	13.3	64	毛类	3	76.9
丝	24.1	36.7	猪鬃	1.2	78.4
豆和豆饼	9.8	4.6	桐油	0.7	65.5
皮及皮制品	5.9	72	羽毛	0.2	37.7
籽仁籽饼	4.2	68.8	共计	62.4	

数据来源：根据《中国旧海关史料》1915年分册相关数据整理。

（三）衰微时期（1916—1930）

1915年之后，上海土货外贸转运值占全国出口总值的比重开始持续下降，到1930年降为17%。

从全国出口商品看来，1914年第一次世界大战爆发后，欧洲国家油脂工业大多改为军火生产，对食油的需求迅速增长，中国豆油出口贸易因而扩大。日本商行利用这一时机，开辟了由大连运往美国转销欧洲的贸易路线，使大连出口往美国的豆油量大幅度增加。豆油出口量由1914年的60万担激增到1915年的100多万担，此后每年出口量不断增加，1919年已达236万担。[①]1915年后几年豆类及豆制品出口逐年上升，从1915年的4861万海关两上升到1919年的10430万海关两，增长了一倍多，在全国出口中的占比也从11.6%增长为16.5%，成为仅次于丝的全国第二大出口商品。作为日本在中国东北掠夺经济资源、实行贸易垄断的基地，大连成为豆类、豆饼、豆油出口的最大口岸，这在很大程度

①汪敬虞主编：《中国近代经济史（1895—1927）》，人民出版社2000年版，第192页。

上分流了上海转运的出口商品。在表1-3中，1915—1920年间天津和汉口的直接出口值并无显著增长，而大连的直接出口值在短短五年间飙升了两倍。此外，随着欧美和日本的远洋轮船公司在华航线的日益扩展，1920年后，天津、汉口直接出口的规模也迅速扩大。

表1-3 五大口岸直接出口贸易值表（1895—1930）

单位：海关两

口岸	1895年	1910年	1915年	1920年	1925年	1930年
大连		20183290	35622458	111322789	129203642	182943354
天津	8919538	5852250	16897800	18245320	62214330	78748795
汉口	4695827	17893759	16292869	11342818	29994342	18651138
广州	17696848	54025478	42127765	59221881	49832293	60366910
上海	70200338	175672378	201437780	193795412	306185443	312667646

资料来源：根据《中国旧海关史料》历年数据整理。

三、上海外贸埠际转运在全国外贸中比重变化总趋势

上海洋货和土货外贸埠际转运的变化趋势各有特点，将二者合而为一，便如图1-3所示，为上海外贸埠际转运在全国外贸总值中的总变化趋势。

（一）鼎盛时期（1864—1904）

这一时期上海外贸埠际转运在全国对外贸易中所占比重平均约为36%，最高值达到43.9%，充分显示了全国对上海外贸转运的依赖程度之高，体现了上海外贸转运对全国外贸影响力之大。

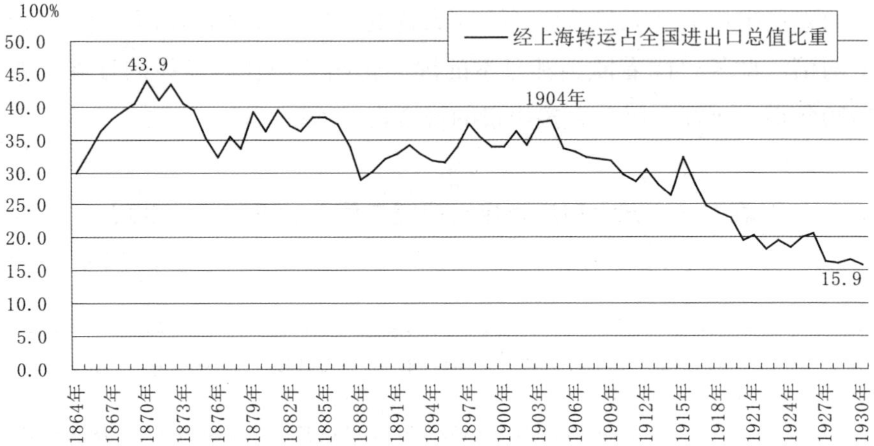

图1-3　上海外贸埠际转运占全国外贸比重总图（1864—1930）

数据来源：根据《中国旧海关史料》历年数据整理。

（二）衰微时期（1905—1930）

1905—1930年间，上海外贸埠际转运在全国外贸中的地位持续下降。这一时期各大口岸逐渐发展壮大，直接进出口能力增强，分流了原本经上海转运的外贸商品。上海外贸埠际转运对全国进口的影响，从20世纪初即开始下降。对全国出口的影响虽一度持续增长，但1915年后由于第一次世界大战的影响及各口岸独立性的进一步增强，也开始走向衰微。到1930年，上海外贸埠际转运占全国外贸比重仅为15.9%。此时，无论在进口方面还是出口方面，上海的外贸埠际转运在全国外贸中的影响都已十分有限，与其鼎盛时期不可同日而语。

第三节 上海外贸埠际转运在全国外贸中的影响范围

外贸埠际转运在全国外贸中的影响范围，也是全国外贸转运中心地位的体现。由于历史时期海关统计所限，上海与各口岸间的埠际贸易统计只进行到1904年，因此本小节拟以1904年为界，之前可以从上海与各口岸的外贸埠际转运情况，看到上海对各区域口岸外贸转运的影响力；1904年之后，则从各区域口岸自身独立进出口发展的情况，来侧面反映其对上海外贸转运依赖性的变化，由于全国各主要口岸1904年后独立进出口变化明显，因此足以借此反映其受上海外贸转运影响的变化情况。

一、鼎盛时期（1864—1904）

19世纪60年代至20世纪初是上海外贸埠际转运在全国外贸中占据高比重的时期，这一时期上海与全国各主要口岸间已形成比较固定的外贸埠际转运网络。根据上海与各区域主要口岸外贸转运的密切程度，可以将其外贸埠际转运网络大致划分为三个层次，分别为华中主要口岸（汉口、镇江、九江、芜湖、宁波、温州）、华北和东北主要口岸（天津、烟台、营口）以及华南主要口岸（广州、汕头、厦门、福州）。这些主要口岸每年的埠际转运值平均占上海外贸埠际转运总值的95%以上。

这段时期上海外贸埠际转运值在全国外贸总值中比重高、影响大，与各口岸外贸转运关系密切，形成了其在全国的外贸埠际转运网络。以下取四项比重来分别考察上海与华北、东北、华中、华南主要口岸间的外贸转运关系，第①项为上海转运各区域口岸洋货值占上海洋货转运国内值比重；第②项为各区域口岸运往上海土货值占上海土货进口值比重。借这两项比重，从上海角度划分各区域口岸在其外贸转运网络中所属的不同层次，比重越高，该区域口岸在上海外贸埠际转运网络中层次越高。第③项为上海转运各区域口岸洋货值占各区域口岸洋货进口总值比重（洋货进口总值=直接由国外进口值+由国内口岸进口值）；第④项为各区域口岸运往上海土货值占各区域口岸土货出口总值比重（土货出口总值=直接出口国外值+出口国内口岸值），借这两项比重，从各区域口岸角度反映其依赖上海外贸转运的程度。比重越高，说明该区域口岸对上海外贸转运依赖性越大，受上海外贸影响越大，以此揭示上海外贸埠际转运在全国的主要影响范围。

在出口数据上有两点需要说明：

由于海关统计数据所限，各口岸经上海转运的土货无法从其运往上海的土货中剥离出来。但是20世纪初之前，大多数口岸独立进出口能力尚未壮大，依赖上海出口程度很高。以华中地区的中心口岸汉口和华北地区的中心口岸天津为例，1904年运去上海的土货，占其各自土货出口总值的比重分别为93.0%和86.6%，可见其直接出口为数甚微，出口土货多依赖上海转运。因此虽无法获取各口岸经上海转运土货的准确数据，但可退而求其次，在第②项和第④项的出口比重中，取各区域口岸运往上海的土货值为分子，大致反映其与上海土货外贸转运的关系。

同样因为各口岸出口其他口岸的土货值中，无法清算其转运出口的部分与内贸往来的部分，因此第④项土货出口总值中实际包含了各口岸国内贸易的部分，并不是各口岸土货出口国外总值，因此导致分母偏大。故经上海外贸埠际转运值占各口岸出口总值比重实际应比表中所显示更高，考量时应对此加以注意。

（一）上海对华北和东北主要口岸外贸影响力

华北的天津、烟台和东北的营口早在开埠前就与上海展开了繁盛的北洋航线贸易，上海开埠后，北洋三口继续与其保持密切联系。在统计的五个年度里，占上海洋货转运国内值平均30.8%，土货进口值平均14.6%，低于华中口岸，构成上海外贸转运网络中的第二个层次。在五个年度里，经上海外贸转运值占华北和东北口岸进口总值平均70.1%，占其出口总值平均42.7%，如前文说明，出口比重实际应更高。因此，20世纪初之前，华北和东北口岸受上海外贸转运影响是很大的。

表1-4　华北和东北主要口岸与上海外贸埠际转运值占各自外贸总值比重表（1864—1904）（%）

	1864年	1875年	1885年	1895年	1904年
①上海转运各区域口岸洋货值占上海洋货转运国内值比重	29.1	30.4	35.2	31.0	28.3
②各区域口岸运往上海土货值占上海土货进口值比重	6.9	10.9	17.1	18.6	19.3
③上海转运各区域口岸洋货值占各区域口岸洋货进口总值比重	69.2	78.5	78.3	68.8	55.8
④各区域口岸运往上海土货值占各区域口岸土货出口总值比重	36.2	38.4	41.0	42.9	55.1

数据来源：根据《中国旧海关史料》历年数据整理。

天津位于海河、大运河与渤海交汇之点，19世纪末已成为华北最大口岸。从进口来看，“天津虽系中国销纳洋货最多之口岸之一，但殆皆取给于上海”[①]，与上海洋货转运联系密切。天津是上海进口棉制品的主要去向之一，在上海进口白色布、标布、斜纹布、粗布等多种棉制品的转运去向中均名列前茅。[②]但从出口来看则不然，在本研究时段早期，天

---

①吴弘明整理：《津海关年报档案汇编》上册，“1865年天津贸易报告”，第2页。

②李必樟编译：《英国驻上海领事贸易报告汇编》，“总领事许士1884年度上海贸易报告”，第672～677页表格。

津占上海土货进口比重很小。这主要是由于天津受各种因素影响，本身出口商品有限。从19世纪70年代后期开始，天津的出口贸易逐步发展，占上海土货进口的比重也随之上升。在这五个年度里，天津占上海洋货转运平均19.7%，占上海土货国内进口平均7.8%（见附表二“上海与华北和东北口岸外贸埠际转运表”）。从全国范围来看，天津是上海外贸埠际转运的第二大对象口岸，仅次于汉口。

烟台也与上海建立了较为稳定的外贸埠际转运联系。烟台是上海进口棉制品许多品种的稳定销向之一。烟台在上海进口标布的转销口岸中仅次于天津和汉口，对上海低级原色布需求也很大，作用不可小视。[①]从上海转运烟台的大宗洋货还有鸦片，烟台消费的进口鸦片都是由上海供应。[②]草帽辫的出口兴起后，烟台成为上海出口草帽辫的主要来源之一。1879年，上海共出口草帽辫35529担，英国驻沪领事评价道：“草帽辫几乎全部来自芝罘……山东省莱州城外15哩的沙河是它的主要市场。”[③]本时段早期，烟台在上海洋货转运方面的重要性多过土货方面。但是上海从烟台进口的土货比重不断增长，到1904年已经超过了洋货转运比重，成为上海出口土货的稳定来源之一（见附表二）。“上海实际上是烟台货物出口国外的最大转口港，除了日、俄之外，烟台输往英、美各国的货物都经由上海运出。”[④]

营口是东北地区最大的口岸，进口洋货“率多由上海转运而来”[⑤]。营口是上海进口棉制品的重要市场，消费增长很快。与1877年相比，在上海斜纹布转销方面，1878年营口的增加数比其他口岸的进货总数还要

①李必樟编译：《英国驻上海领事贸易报告汇编》，“领事达文波1878年度上海贸易报告”，第466～471、477页。

②李必樟编译：《英国驻上海领事贸易报告汇编》，“领事许士1880年度上海贸易报告”，第567～568页。

③李必樟编译：《英国驻上海领事贸易报告汇编》，“副领事阿连壁1879年度上海贸易报告”，第545页。

④刘素芬：《烟台贸易研究（1867—1919）》，台湾商务印书馆1990年版，第14页。

⑤《光绪二十七年（1901年）牛庄口华洋贸易情形论略》，《中国旧海关史料》1901年分册。

大些，英国驻沪领事评论道：“几年前，牛庄的需求还是很小的，但现在它却居于非常显著的地位。”[①]这与该地区的日益繁荣是密切相关的。19世纪60年代，营口运往上海的土货以豆和豆饼为主。70年代，野蚕丝的出口兴起，也成为营口运往上海的大宗土货，“源源来自芝罘和牛庄的野生丝的出口量已自1878—1879年丝季的200包增加到1879—1880年丝季的1800包”[②]。营口在华北三口中占上海外贸转运比重最小，但是在这40年间，在进出口两方面的比重都在不断上升。占上海洋货转运的比重增长尤快，1864—1904年已从2.5%上升到9.3%（见附表二），1885年经上海洋货转运占营口进口总值高达93.3%之多。

可见，1864—1904年间华北和东北主要口岸皆处于上海外贸转运的强大辐射之下。

（二）上海对华中主要口岸外贸影响力

华中主要口岸包括长江沿江的汉口、九江、芜湖、镇江，与华东沿海的宁波、温州。长江沿江口岸经黄金水道长江与上海相连，因此与上海外贸联系最为密切。19世纪60年代初期和中期，来自长江沿岸各新开放的通商口岸的领事贸易报告就指出“这些口岸把它们的大部分出口商品运到上海，以便再出口，并且从上海输入它们的大部分国外进口商品。主要是鸦片”[③]。在统计的五个年度里，华中口岸占上海洋货转运国内值平均65.2%，土货进口值平均68.6%，占上海外贸转运比重最高，构成上海外贸埠际转运的第一层次。

---

①李必樟编译：《英国驻上海领事贸易报告汇编》，“领事达文波1878年度上海贸易报告”，第475页。

②李必樟编译：《英国驻上海领事贸易报告汇编》，“副领事阿连壁1879年度上海贸易报告”，第543页。

③英国外交部编《驻沪领事商务报告》（1863—1867年），转引自罗兹·墨菲：《上海——现代中国的钥匙》，上海人民出版社1986年版，第117页。

表1-5 华中主要口岸与上海外贸埠际转运值占各自外贸总值比重表（1864—1904）（%）

	1864年	1875年	1885年	1895年	1904年
①上海转运各区域口岸洋货值占上海洋货转运国内值比重	69.9	68.0	62.8	67.1	58.1
②各区域口岸运往上海土货值占上海土货进口值比重	76.4	66.9	67.4	71.3	62.1
③上海转运各区域口岸洋货值占各区域口岸洋货进口总值比重	70.9	86.3	76.4	94.8	82.0
④各区域口岸运往上海土货值占各区域口岸土货出口总值比重	89.3	65.9	67.9	62.1	60.7

数据来源：根据《中国旧海关史料》历年数据整理。

在统计的五个年度里，经上海转运值占华中口岸进口总值比重平均82.1%，占其出口总值比重平均69.2%。由此可见，1864—1904年间华中地区口岸的直接对外贸易十分有限，其对外贸易绝大多数是通过上海的转运开展的。

汉口居内地之中心，拥有九省通衢的优越地理位置，是长江流域仅次于上海的第二大口岸，与上海外贸转运联系极为密切。在表中统计的五个年度里，经上海转运值占汉口进口总值比重平均86.6%，占汉口出口总值比重平均70.2%。作为九省通衢之地，汉口拥有广阔的腹地，茶叶、牛皮、猪鬃、芝麻等大宗出口土货由各地集中于汉口后大量运往上海，为上海兴盛的出口贸易提供了货物来源。汉口除了是上海出口商品的主要输送地，还是上海进口商品的主要接收地。连续多年在上海进口棉制品的分销中名列前茅。[1]汉口可将这些经上海转运来的洋货继续销往其连接的华中乃至西南各省腹地，成为上海转运洋货的主要去处之一。在表中所列的五个年度里，上海转运的土货平均41.5%来自汉口，洋货平均28.1%转运至汉口，在全国口岸中所占比重最高（见附表三“上海与华中口岸外贸埠际转运表”）。汉口是上海全国外贸埠际转运最重要的对象口岸。

镇江占上海洋货转运比重尤为突出，有些年份甚至与汉口不相上下。这与镇江有利的地理位置有关，上海方面“大量的布匹、糖和金属系由轮船运往镇江，在那里进行分运，因为镇江具有通往南北水路以及长江河流的有利条件”[2]，因此镇江一度成为上海洋货转运的一个重要去向。1895年，经上海转运值占镇江进口总值的91.1%。但是镇江运来上海的土货十分有限。一是由于子口税的原因，镇江“向来洋货与土货两子税，核其总数大相悬绝，或谓土货运出颇多窒碍”；二是由于镇江本身出口土货品种有限。[3]因此镇江经上海转运国外的土货“数甚细微”[4]。后期随着新的出口商品的开发，镇江运往上海的土货才有所增长。

九江的直接对外贸易不多，大多数年份都几乎没有直接对外进出口，自19世纪90年代开始，才偶尔有船从日本直接运煤过来，[5]上海成为九江对外贸易的中转点。九江是上海出口绿茶的重要供货来源，1877—1878年茶季上海共有2520万包绿茶，其中来自九江的就有700万包，占将近1/3。[6]九江进口的洋货也几乎全部由上海转来，1895年经上

①李必樟编译：《英国驻上海领事贸易报告汇编》，“副领事阿连壁1879年度上海贸易报告”，第524页。

②李必樟编译：《英国驻上海领事贸易报告汇编》，“领事麦华陀1874年度上海贸易报告”，第352页。

③《光绪十六年镇江口华洋贸易情形论略》，《中国旧海关史料》1890年分册，第135～136页。

④《光绪十八年镇江口华洋贸易情形论略》，《中国旧海关史料》1892年分册，第137页。

⑤《光绪二十一年九江口华洋贸易情形论略》，《中国旧海关史料》1895年分册，第131页。

⑥李必樟编译：《英国驻上海领事贸易报告汇编》，“领事达文波1877年度上海贸易报告”，第447页。

海转运值占九江进口总值的97.6%，其中棉制品、鸦片为大宗。[①]

芜湖是长江流域这几个口岸中开埠最晚的，1877年才正式设埠。尽管芜湖占上海外贸转运比重较小，但是自开埠至清末，始终与上海保持着较为稳定的外贸转运联系，尤其是出口土货输送。芜湖是上海出口蚕丝的来源之一，[②]同时还是上海绿茶的供货来源之一，1877—1878年茶季运到上海的2520万包绿茶里，有40万包来自镇江和芜湖。[③]芜湖的对外进口也主要依赖上海，1895年经上海转运值占芜湖进口总值的97.6%。

宁波与上海同时开埠，却始终处于上海外贸埠际转运的强大辐射之下，直接进出口有限，几乎所有的进口商品都从上海运来。[④]出口的湖丝、茶叶、棉麻等大宗商品也多经上海港转运出口。在上表所列的五个年度中，上海进口的洋货平均11.2%转运至宁波，土货则平均10.6%来自宁波（见附表三），宁波在进出口两方面都与上海保持稳定的转运联系，“上海是宁波买卖货物市场”[⑤]。

温州在开埠后很长时期内没有直达外洋的轮船，无法发展直接对外贸易，进出口以上海转运为主。“该港进口的洋货和土货，大部分都是从上海转运而来，出口的土货大部分也是运到上海，以后再转销国内外各地，所以温州最主要的贸易对象港是上海。”[⑥]温州进口的洋货葵扇、沙藤、日本铜、药材、赤糖皆自上海转运而来，出口往外洋的货物如茶

---

①《光绪十八年九江口华洋贸易情形论略》，《中国旧海关史料》1892年分册，第125页。

②李必樟编译：《英国驻上海领事贸易报告汇编》，“领事达文波1878年度上海贸易报告”，第496～497页。

③李必樟编译：《英国驻上海领事贸易报告汇编》，“领事达文波1877年度上海贸易报告”，第447页。

④陈梅龙、景消波译编：《近代浙江对外贸易及社会变迁》，“1891年宁波海关贸易报告”，宁波出版社2003年版，第327页。

⑤陈梅龙、景消波译编：《近代浙江对外贸易及社会变迁》，“宁波海关十年报告（1882—1891年）”，第23页。

⑥《浙江航运史》（古近代部分），人民交通出版社1993年版，第20页。

叶、白矾、药材、雨伞等也多由上海转运出口。[1]1895年，经上海转运值占温州进口总值的91.9%，出口总值的83.8%。

（三）上海对华南主要口岸外贸影响力

表1-6 华南主要口岸与上海外贸埠际转运值占各自外贸总值比重表（1864—1904）（%）

	1864年	1875年	1885年	1895年	1904年
①上海转运各区域口岸洋货值占上海洋货转运国内值比重	0.9	1.6	2.3	1.7	1.0
②各区域口岸运往上海土货值占上海土货进口值比重	15.7	21.9	14.7	9.4	6.4
③上海转运各区域口岸洋货值占各区域口岸洋货进口总值比重	*	2.7	3.5	2.8	2.2
④各区域口岸运往上海土货值占各区域口岸土货出口总值比重	*	21.0	18.2	14.1	12.2

数据来源：根据《中国旧海关史料》历年数据整理。
说明：1864年华南各口统计单位不一致，无法计算。

如表1-6中数据所示，华南主要口岸福州、厦门、汕头、广州与上海的外贸转运联系最为松散。在五个年度里，华南口岸进口总值中经上海洋货转运平均只占2.8%，甚至不如华中或华北的一个口岸多。华南口岸在上海土货进口中所占的比重相对较高，但是华南口岸的大宗出口商品自有其出口渠道，运来上海的土货并非大量赖上海转运出口，而是

①《光绪二十七年温州口岸华洋情形论略》《光绪二十四年温州口岸华洋情形论略》，《中国旧海关史料》1901、1898年分册。

供本地消费为多，并且在19世纪70年代以后土货输入上的埠际联系也有所减弱。

福州的洋货转运主要依赖香港，1869年从香港转运福州的洋货为4904543海关两，从上海转运来的只有153789海关两。从出口联系来看，福州的大宗出口商品茶叶，“少量运往本国口岸，绝大多数直接用轮船出口到外国。通过香港运往澳大利亚，美国及印度的数量亦十分可观”①。因此，福州的主要出口商品茶叶或直接出口国外，或通过香港转运，并不需依赖上海。由福州运往上海的土货有竹笋、木材、纸、干鲜果等②，多供上海本地消费而不是转运出口，如竹笋是作为食品运往上海的③，木材则是为满足上海的大兴土木④。

厦门的洋货进口也同样依赖香港，“香港是本口岸洋货进口贸易的一个商业中心。机器制造品、金属和鸦片几乎无例外地经由香港运抵本口岸”⑤。厦门的大宗出口商品茶叶也可直接运往国外，其中美国遥遥领先，“运往美国的茶叶大约等于全部出口茶叶的半数或者说相当于运往其他国家的总和”，直接运往英国和爪哇的数量也很大。⑥1885年，厦门出口国外总值为1743537海关两，出口香港仅303220海关两，其余均是与美国、英国、日本、澳大利亚等国家以及南洋之间的直接出口贸易。厦门在洋货转运上依赖香港，在土货贸易中独立出口比重很高，与上海的外贸转运联系是很微弱的。

---

①福州海关编：《近代福州及闽东地区社会经济概况》，华艺出版社1992年版，“1865年度报告”，第9页。

②福州海关编：《近代福州及闽东地区社会经济概况》，华艺出版社1992年版，“1867年度报告”，第52页。

③福州海关编：《近代福州及闽东地区社会经济概况》，“1865年度报告”，第11页。

④李必樟编译：《英国驻上海领事贸易报告汇编》，“领事麦华陀1874年度上海港贸易报告”，第335页。

⑤厦门市志编纂委员会、《厦门海关志》编委会：《近代厦门社会经济概况》，鹭江出版社1990年版，“1875年度报告”，第156页。

⑥厦门市志编纂委员会、《厦门海关志》编委会：《近代厦门社会经济概况》，“1875年度报告”，第156、161页。

汕头进口洋货主要依赖香港。1904年，汕头洋货进口总值为14391871海关两，其中来自香港的就有13248350海关两，“接近香港这样的自由港，对外国商品的所有需求很容易从那里得到供应”[①]。汕头出口土货中最大宗的是糖，其次是供南洋的土货，二者都不需依赖上海转运。汕头可与南洋直接贸易，因此其供华侨所需的食物、器具等土货可直运南洋。[②]而汕糖则大量运往香港，或转运欧美，或再加工后作为洋糖返销国内。华南沿海主要口岸中，汕头运往上海的土货是最多的，1885年就占上海土货进口的10%。但汕头运往上海的主要是供内销的糖，19世纪80年代中期恰逢汕糖国外市场萎缩，而运销国内各口岸则大为发展，[③]“其往上海大江通商口本为消糖之大口子也”[④]。汕头洋货转运多依赖香港，输送上海的土货多限于内贸流通，并非借上海转运出口，与上海的外贸转运联系也很有限。

广州在鸦片战争之前是全国最大的通商口岸，19世纪50年代以后，其对外贸易地位为上海所取代。由于紧邻拥有便利贸易与航运条件的香港，广州与香港的外贸埠际联系远远超过上海。广州的洋货进口多经由香港转运，以1885年为例，广州洋货进口总值共5710923海关两，经香港进口的为5668489海关两，几乎为其进口贸易的全部。其出口也显示出依赖香港转运的趋势。广州贸易报告中提到，由于从香港转口方便、运输费用便宜，广州与香港的贸易值猛增，而直接与外国口岸和本国口岸的贸易值明显下降。[⑤]广州与上海的埠际联系到后期越来越少。广州少量运往上海的土货如食糖，主要供上海及北方市场消费，并不是赖上海

①中国海关学会汕头海关小组、汕头市地方志编纂委员会办公室：《潮海关史料汇编》，1988年编印，“1882—1891十年报告”，第29页。

②《光绪十八年汕头口华洋贸易情形论略》，《中国旧海关史料》1892年分册。

③中国海关学会汕头海关小组、汕头市地方志编纂委员会办公室：《潮海关史料汇编》，“1882—1891十年报告”，第3页。

④《光绪十八年汕头口华洋贸易情形论略》，《中国旧海关史料》1892年分册。

⑤广州市地方志编委会、广州海关志编委会：《近代广州口岸经济社会概况》，暨南大学出版社1995年版，“1876年广州口岸贸易报告”，第155页。

转运出口。[①]

1864—1904年间是上海外贸埠际转运的鼎盛时期，上海通过外贸埠际转运几乎将全国主要口岸都纳入其外贸影响网络。华中主要口岸与上海外贸埠际转运联系最为密切，在进出口两方面都是上海外贸转运的主要对象，其中汉口是上海联系最密切的口岸。华北和东北主要口岸是上海外贸埠际转运的第二个层次，它是上海进口物资的重要接收地，但与上海在出口方面的转运联系稍逊，早期并不是上海出口物资的主要来源，但在这40年间，华北沿海口岸经上海转运出口的商品占上海出口转运的比重一直在增长，到20世纪初已上升为上海出口物资的重要来源地，其中天津是上海外贸埠际转运第二大对象口岸。而华南主要口岸自有其进出口的渠道，虽与上海在土货输入方面有所联系，但是并非赖上海转运出口，而且到后期这种联系也减弱，是三个层次中与上海外贸转运联系最为松散的一环。

从上海对各区域主要口岸的外贸埠际转运影响力上来看，上海的外贸影响力主要集中在华北、东北和华中地区，并且对这几大区域口岸的影响程度非常高，时人有对上海外贸地位的评论："上海港益发达，而吸收中国北部中央部及扬子江一带，外国贸易全数也。"[②]

二、衰微时期（1905—1930）

华北、东北与华中地区是上海外贸转运影响的主要区域，1905—1930年间，随着各区域原有中心口岸独立性的不断增强和新兴口岸的发展壮大，上海对这些区域外贸转运影响力不断下降，在全国的影响范围发生了很大变化。

---

①广州市地方志编委会、广州海关志编委会：《近代广州口岸经济社会概况》，"1864年广州口岸贸易报告"，第8页。

②《湖北商务报》1899年第14册，《视察中国汉口复命书》（上），译《通商汇纂》。

（一）上海对华北和东北主要口岸外贸影响力的下降

表1-7　华北和东北主要口岸直接外贸比重表（1885—1930）（%）

年份	天津		青岛		大连	
	直接进口占进口总值比重	直接出口占出口总值比重	直接进口占进口总值比重	直接出口占出口总值比重	直接进口占进口总值比重	直接出口占出口总值比重
1885年	13.3	0.0				
1895年	23.0	6.0				
1905年	52.1	51.5	40.4	33.6		
1910年	60.5	12.7	57.6	44.0	91.4	71.0
1915年	73.0	30.8	68.7	51.4	77.3	69.0
1925年	77.1	61.7	81.2	54.9	89.5	74.4
1930年	76.9	71.0	72.0	49.2	92.5	80.5

数据来源：根据《中国旧海关史料》历年数据整理。

20世纪初，华北和东北的主要口岸格局发生了变化，在东北，大连取代了营口的地位，山东也兴起了另一个大港青岛，新组合的三大口岸与上海间的外贸转运联系远不如原来的北洋三口。

1905年，天津的直接进口值首次超过了从国内口岸进口值，占进口总值的52.1%，直接出口也不断发展。到1930年，天津直接进口比重已达76.9%，直接出口比重达到71%。随着天津独立进出口能力的增强，其对上海外贸转运的依赖性随之减弱。津海关贸易报告中也反映出，由国内口岸进口的洋货大大减少，其原因“实皆直接向外洋各产货场交易，不由沪购，职是故也”①，“尤因日本与本埠各商之生意畅旺”②。

青岛自1904年胶济铁路建成后贸易增长十分迅速，很快就取代了烟台在山东的地位。③在德国占领期间（1897—1914），青岛相继开辟了对德、对日航线，直接出口不断增长。在日本占领期间（1914—1922）和北洋政府期间（1922—1929），日本始终控制着青岛经济。1919年，青岛对外进口中日本占73.2%，对外出口中日本占92.4%。④青岛以直接对日进出口为主，因此受上海外贸转运的影响远不如之前的烟台那么高。

大连于1907年正式设立海关，不久便取代营口，成为东北对外贸易的第一大港，并成为日本在中国东北实行贸易垄断的基地。在日本统治大连期间，大连出口货物中的60%以上运往日本，进口货物中的70%来自日本。⑤大连与日本直接贸易密切，并成为日本对东北贸易的出入口。

20世纪初之后直接对日贸易的发展，使华北和东北口岸逐渐脱离上海外贸埠际转运的主要影响范围。

（二）上海对华中主要口岸外贸影响力的下降

表1-8　华中主要口岸直接外贸比重表（1885—1930）（%）

年份	汉口		九江		芜湖	
	直接进口占进口总值比重	直接出口占出口总值比重	直接进口占进口总值比重	直接出口占出口总值比重	直接进口占进口总值比重	直接出口占出口总值比重
1885年	0.2	22.9	0.0	0.0	0.7	0.0

①《中华民国三年天津口华洋贸易情形论略》，《中国旧海关史料》1914年分册。

②吴弘明整理：《津海关年报档案汇编》下册，“光绪三十二年（1906年）天津口华洋贸易情形论略”，第158页。

③寿杨宾编著：《青岛海港史》（近代部分），人民交通出版社1986年版，第88～91页。

④交通部烟台港务管理局编：《近代山东沿海通商口岸贸易统计资料（1859—1949）》，对外贸易教育出版社1986年版，根据第38、47页表格计算。

⑤顾明义等主编：《日本侵占旅大四十年史》，辽宁人民出版社1991年版，第254页。

续表

年份	汉口		九江		芜湖	
	直接进口占进口总值比重	直接出口占出口总值比重	直接进口占进口总值比重	直接出口占出口总值比重	直接进口占进口总值比重	直接出口占出口总值比重
1895年	3.6	12.5	0.2	0.0	0.1	0.2
1905年	50.7	13.1	0.0	0.0	6.2	0.0
1910年	43.8	17.8	4.7	0.6	5.4	0.0
1915年	52.0	13.1	18.5	0.0	10.6	0.0
1925年	59.5	12.9	27.9	0.1	19.4	2.7
1930年	38.1	11.2	35.7	0.1	21.2	5.9

年份	镇江		宁波		温州	
	直接进口占进口总值比重	直接出口占出口总值比重	直接进口占进口总值比重	直接出口占出口总值比重	直接进口占进口总值比重	直接出口占出口总值比重
1885年	0.0	0.0	1.0	0.3	3.5	2.8
1895年	3.2	8.8	1.9	0.0	3.4	0.8
1905年	21.8	18.7	29.0	0.1	0.9	3.9
1910年	31.6	6.5	23.0	0.1	7.9	2.4
1915年	35.4	0.9	32.4	0.0	1.0	0.0
1925年	33.6	2.3	33.1	0.3	1.6	13.1
1930年	36.7	1.2	65.7	0.0	*	*

数据来源：根据《中国旧海关史料》历年数据整理。

说明：温州1930年统计数据缺。

华中地区主要口岸与上海的外贸转运关系在这一时期也发生了变化。作为华中地区的中心口岸，汉口的直接进口能力比前期显著增强，1905年起基本保持在50%左右。相比之下，汉口的直接出口发展缓慢，很少超过15%，甚至在1910年后还呈下降的趋势。华中其他口岸也显示出同样的变化趋势，即大部分口岸直接进口比前期有显著发展，直接出口则普遍发展非常缓慢。就直接进口比重来说，也只有宁波一口曾超过50%，其他的九江、芜湖、镇江、温州等口岸均在50%以下。九江“所有各国洋货运销本口者，均以上海为中央转运之区”①，其出口土货也仍多运往上海转运出口。芜湖直接出口也“照旧微末”，“至别口转运洋货，大半皆由上海过载而来”②。故与同一时期华北和东北口岸的独立性大为增强相比，以长江流域为主的华中口岸在很大程度上仍需依赖上海外贸转运，这一地区的进出口贸易仍然集中在上海。③

时人也敏锐地观察到“北清诸港，其贸易上，不恃上海为转枢，故自输入观之，前年来货物增加，如日本棉丝，直输入于牛庄、天津之额，年见其多”，并对于华中口岸与上海关系的密切和北方各口与上海关系的疏离做了很精彩的分析。从航运条件来说，北方港口除了烟台以外，每年十一月末到次年正月二月间都为冻冰期，船只无法往来，而长江各港口之间每天都有定期轮船，全年可与上海通航，相比之下北方各口与上海间航行不如长江便利。从商业经营来说，上海之所以与汉口间贸易密切，与两地的宁波商人互通声气有很大关系。在汉口从事商业与贸易的主要是宁波人、江西人、广东人，而宁波人在上海商业中占据特殊地位，具有举足轻重的影响。因此“在汉口之宁波人，与在上海有优势地位之宁波商人，互通气脉，故两者商业中关系益密接”。而在北方各口主要以山西人、山东人占有商业上的势力，宁波人、广东人则相

①《光绪三十四年（1908年）九江口华洋贸易情形论略》，《中国旧海关史料》1908年分册。
②《光绪三十四年（1908年）芜湖口华洋贸易情形论略》，《中国旧海关史料》1908年分册。
③汪敬虞：《中国近代经济史（1895—1927）》上册，第171页。

对弱势，“与上海商人之联络，不如汉口商人也”[①]。而就地理区位来说，外商在北方各口开展直接贸易比在长江一带及江浙各口，更具地理和交通上的优势。因此，华北与东北各口岸逐渐脱离上海外贸转运的影响范围，但以汉口为首的华中口岸仍是上海外贸转运的主要辐射范围。

第四节　上海全国外贸转运中心地位由鼎盛到衰微的变迁

1864—1930年间，上海的全国外贸转运中心地位经历了由鼎盛到衰微的变化。根据上文对上海外贸埠际转运在全国外贸中的比重、在全国影响范围变化的分析，可将上海在全国外贸中的地位划分为两个时期：

一、鼎盛时期（1864—1904）

从外贸埠际转运比重来看，这一时期，上海外贸埠际转运在全国对外贸易中所占比重平均约为36%，最高达到43.9%。以一口能在全国外贸中占如此之重，充分显示出其对全国口岸强大的影响力和牵引力。

从外贸埠际转运影响范围来看，这一时期，上海外贸埠际转运的影响力主要集中在华北、东北和华中地区的主要口岸，其对象口岸分别又是各地区中心市场，其辐射范围或为一省或为数省，均连接着更为广阔的腹地。此外特别值得注意的是，这些口岸对上海外贸转运依存度非常高。因此上海外贸埠际转运虽然对华南口岸影响较小，但通过与华北、东北及华中主要口岸及其广大腹地相连，已将其外贸转运的影响辐射到大半个中国，体现了其在全国强大的影响力。

因此，这一时期无论从外贸比重来看，还是从对全国的外贸影响力

①《湖北商务报》1899年第14册，《视察中国汉口复命书》（上），译《通商汇纂》。

来看，都充分体现了上海作为全国外贸转运中心的鼎盛地位，故有论："盖上海一埠，就中国对外贸易方之，其地位之重要无异心房，其他各埠则与血管相等。"①

二、衰微时期（1905—1930）

从外贸埠际转运比重来看，这一时期，上海外贸埠际转运在全国外贸中所占比重不断下降，到1930年降至最低值15.9%。与前期相比，上海对全国口岸的影响力和牵引力已大大减弱。

从外贸埠际转运影响范围来看，到1930年，华北和东北主要口岸已具有很强的独立性，上海对其外贸转运影响已非常微弱。此时，上海的外贸转运影响主要集中在华中口岸，而华中各口岸直接对外贸易能力也已有所发展，上海对其影响力与20世纪初之前相比有所减弱。由于华南口岸本来就对上海的外贸转运依赖不大，上海的外贸转运影响力便由原来辐射大半个中国，变成只集中在华中地区，其在全国的外贸转运范围大为缩减，影响力也趋于衰微。

到19世纪30年代，上海实际上已由全国外贸转运中心降为华中区域性外贸转运中心。

三、全国口岸贸易格局的变化

（一）全国口岸贸易新格局的出现

上海全国外贸转运中心地位的衰微，并不意味着有一个新的全国外贸转运中心取而代之。就东北地区来说，大连开埠后由于优越的地理位置和自由港的贸易政策，成为东北对日贸易的中转港，同时对华北口岸

---

①班思德：《最近百年中国对外贸易史》,《中国旧海关史料》。

的对日贸易也起了一定的中转作用。[1]但由于天津、青岛的独立性均很强，因此大连的外贸转运主要局限在东北，对华北地区影响有限，更不是对全国有强烈辐射作用的全国外贸中心。[2]华南地区的香港，外贸转运影响范围主要集中在华南的两广、云南、闽台，其与华中、华北、东北口岸虽然也有外贸转运联系，但是多为特货贸易，影响较小，难以对超越华南的地区扩散其外贸转运的影响力。[3]

因此，无论是大连，还是香港，都不具备成为全国性外贸转运中心的能力。全国口岸贸易形成了华中以上海为外贸转运中心，华南以香港为外贸转运中心，华北和东北则以各自区域中心口岸为主，再无一个全国性外贸埠际转运中心统领的新格局。

（二）对日贸易兴起对全国口岸贸易格局的影响

甲午战争后对日贸易在全国外贸中的兴起，是上海外贸转运中心地位下降和全国口岸贸易格局变化的重要原因。

中国对外贸易长期以西方国家为主，《马关条约》的签订使日本获得了更多权益和巨额赔款，加快了其对华贸易的发展。1905年日俄战争后，日本取得了俄国在中国东北三省的特殊地位，对华贸易发展更为迅速。1912年，对日贸易已占中国外贸的18.1%。第一次世界大战期间，欧洲国家忙于战争，日本乘机大力发展对华贸易，至1919年，其在中国外贸中的比重已飙升到36.2%，比战前所占份额增长一倍。战后，随着欧洲国家的卷土重来，这一比重有所降低，但仍有近1/3。（见表1–9）

---

①姚永超：《大连港的中转贸易（1907—1931）》，《中国历史地理论丛》2004年第1辑。

②潘君祥等主编：《近代中国国情透视——关于近代中国经济、社会的研究》，上海社会科学院出版社1992年版，第210页。

③毛立坤：《晚清时期中外贸易的个案分析——以香港转口贸易为例》，《中国历史地理论丛》2006年第1期。

表1-9　全国和上海对外贸易地区比重变化表（1894—1929）

单位：海关两

年份	全国进出口总值	西洋（及其他地区）			东洋			南洋		
		金额	占进出口总值（%）	上海占全国（%）	金额	占进出口总值（%）	上海占全国（%）	金额	占进出口总值（%）	上海占全国（%）
1894年	293 750	221 979	75.6	56.9	19 719	6.7	76.1	52 052	17.7	26.6
1912年	856 246	584 754	68.3	50.6	154 877	18.1	34.6	116 615	13.6	22.6
1919年	1 310 339	668 883	51	53.7	473 996	36.2	24.7	167 460	12.8	27.2
1929年	2 297 008	1 350 444	58.8	55.2	635 018	27.6	28.5	311 546	13.6	37.7

数据来源：张仲礼主编《上海对外贸易》上册，第190页。

华北和东北口岸由于邻近日本，对日直接贸易便利。20世纪初之后，天津和青岛都转向以直接对日贸易为主，新开放的大连更成为日本在中国掠夺经济资源，实行贸易垄断的基地。1919—1930年间，对日贸易在东北地区的进口贸易中占55%—65%，出口贸易中占35%—60%；在华北地区的进口贸易中占40%—60%，出口贸易中占35%—75%。①而当对日贸易在中国外贸中占到36.2%的高比重时，上海在全国对日贸易中仅占24.7%，在对西方国家贸易中则始终占据主要地位。

20世纪上半叶，上海作为全国外贸转运中心地位的下降，既反映了各口岸独立性的增强，也反映了国内外政治经济形势的变化，并且直接

①郑友揆著，程麟荪译：《中国的对外贸易和工业发展（1840—1948年）——史实的综合分析》，社会科学院出版社1984年版，第60～64页表格。

导致了全国口岸贸易新格局的出现。这种变化，必然会对上海在全国外贸中的地位产生重要的影响，进而影响到全国的外贸甚至经济。因此，对上海全国外贸转运中心的地位予以正确认识，无疑是研究上海贸易以及上海经济在全国地位的重要前提。

第二章

上海与天津的外贸埠际转运

天津处于海河、大运河与渤海交汇点，是华北地区物资集散的中心口岸。上海与天津这两大重要口岸在开埠前就已形成了密切联系，构成了南北洋进出口的首尾。明代“海船南载于吴淞，而北卸于天津，两地为出口入口之总汇，实海运成始成终之枢要”[①]。清代上海沙船大量活跃于北方航线，与天津间的漕粮运输繁忙，“漕运季节，自上海海口进入天津的漕船络绎不绝”[②]。除漕粮运输外，当时已有外国商品从上海沿北洋航线转运北方。据载，当时从上海开回关东、天津及辽东的北洋船除了运回南方土货外，还可运回欧洲货品以及火石、鸦片，还有大量的糖、胡椒、海参、燕窝等洋货。[③]但是鸦片战争前，由于只有广州一口对外通商，上海的对外贸易无法完全开展，因此与天津间的外贸埠际转运还十分有限。

1843年，上海开埠，至19世纪50年代初取代广州，成为全国对外贸易中心，与各口岸间形成了密切的外贸埠际转运联系。作为华北最大的口岸，天津与上海间的外贸埠际转运也随之迅速发展。大规模的进出口商品在天津与上海间流转输运，在相当长时期内成为天津乃至华北更

①《皇朝经世文编》卷四十八《户政·复魏制府询海运书》。

②李华彬主编：《天津港史》(古、近代部分)，人民交通出版社1986年版，第35页。

③姚贤镐编：《中国近代对外贸易史资料(1840—1895)》，中华书局1962年版，第554～555页。

广大地区对外贸易的主要方式。

就沪津间外贸埠际转运的研究来说，向为天津学者关注较多，故以往的研究成果多侧重从天津的角度阐述，缺乏对沪津间外贸转运的整体研究，尤其缺少以系统的数据有力地反映这种转运在二者对外贸易中所占的地位及其变化情况。[①]因此本章拟在他人研究的基础上，以大量系统的海关统计资料、文字资料及英国驻上海领事年度贸易报告为依据，分别对沪津间进出口两方面外贸埠际转运关系的变迁，以及沪津间主要转运商品进行考察，并借此对上海作为全国外贸转运中心地位的变化，有一个更全面清楚的认识。

第一节　上海与天津的洋货外贸埠际转运

上海作为全国外贸转运中心，是进口洋货最重要的集散地，每年都有大量洋货由上海转运至其他口岸。作为华北中心口岸的天津，由于开埠后很长时期内直接进口能力很弱，因此对上海的洋货转运十分依赖，成为上海洋货外贸转运的主要接收地之一。甲午战争后，天津的直接进口能力逐渐提高，到20世纪初，已摆脱对上海洋货转运的绝对依赖，此后更不断发展，与上海间的洋货外贸埠际转运关系渐趋疏离。

---

①涉及津沪间外贸埠际转运的研究成果有，姚洪卓主编：《近代天津对外贸易（1861—1948年）》，天津社会科学院出版社1993年版，第32～34页、第70页；张思：《19世纪天津、烟台的对外贸易与传统市场网络——以洋纱洋布的输入与运销为例》，《史林》2004年第4期；庄维民：《贸易依存度与间接腹地：近代上海与华北市场经济》，复旦大学历史地理研究中心编：《港口—腹地和中国现代化进程》，齐鲁书社2005年版。最新成果为樊如森《论北方在近代上海经济发展中的作用》，《城市史研究》第23辑。

一、沪津洋货外贸埠际转运变迁

（一）沪津洋货外贸埠际转运紧密时期（1866—1904）

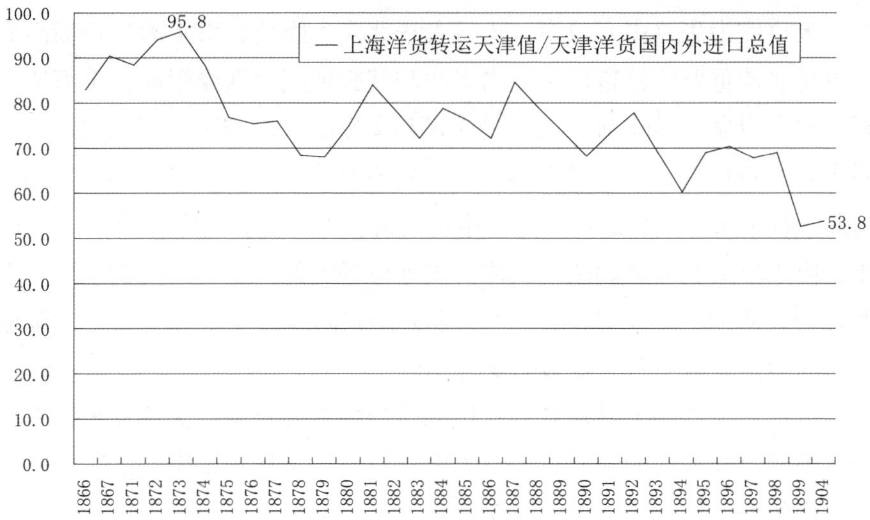

图2-1　沪津洋货外贸埠际转运比重图（1866—1904）

数据来源：见附表五“上海与天津洋货外贸埠际转运表”。
说明：1868—1870年、1900—1903年间数据缺，故按变化趋势绘制。

天津开埠后没多久即已成为华北最大的洋货集散地，其进口洋货值在全国名列前茅。1865年，天津进口本色布515899匹，汉口366219匹，其余口岸均未超过10万匹，上海进口虽有1291865匹，但转运其他口岸及日本的不下1238505匹，天津进口实为最多。就鸦片来说，1865年天津进口鸦片数为5654担，仅次于广州、上海。1865年天津进口洋货值在全国口岸中仅次于上海和汉口，然“天津乃中国进口货之最大销场之一，虽纳有所进洋货之大部，却非直接取给于生产国，而系经由上海转来”[①]。棉制品和鸦片作为天津主要的进口商品，占天津进口总值的比重一度在70%左右，1904年前，这两种洋货几乎95%以上都是由国内口岸进口的，“其货皆取给于上海之大销场”[②]。1866—1904年间，上海转运天津洋货值占天津进口总值年平均75.1 %（详见“附表五”），可见天津依赖上海转运进口的程度之高。

天津作为华北中心口岸，连接着华北广大腹地，对上海进口商品而言也是非常重要的销售市场。当天津和其腹地间交通受阻时，上海所受影响非常明显。1868年，天津受农民起义影响，连带影响了上海进口商品市场，英国驻上海领事即认为，“要不是由于白河岸边出现‘捻匪’从而干扰了天津贸易的话，进口市场的机会本来也会同样有利”[③]。1869年，由于旱灾及局势动荡，天津和内地市场间的水路交通受到阻碍，上海转运天津的五金明显减少，“如果天津到内地有更好和更安全的运输工具的话，无疑会有大得多的交易”[④]。

可见，天津是上海洋货外贸埠际转运的重要对象，天津在依赖上海洋货外贸埠际转运的同时，也对上海进口商品市场产生影响。这一时期沪津间的外贸埠际转运关系非常密切，上海通过天津与更为广大的华北地区相连接，这使得沪津间的洋货外贸埠际转运意义更为重大。

（二）沪津洋货外贸埠际转运疏离时期（1905—1930）

开埠后的相当长时期内，天津的直接进口值十分有限，如表2-1所示，1875、1885年天津直接进口值占进口总值的比重仅在10%—15%之间。1895年这一比重有所增长，上升到了23%，此后继续发展，1905年，天津直接进口值首次超过了从国内口岸进口值，占进口总值的比重飙升

---

①吴弘明整理：《津海关年报档案汇编》上册，“1866年天津贸易报告”，第15页。

②吴弘明整理：《津海关年报档案汇编》上册，“1885年天津贸易报告”，第232页。

③李必樟编译：《英国驻上海领事贸易报告汇编》，“领事文极司脱致阿礼国爵士函，1868年5月6日于上海”，第140页。

④李必樟编译：《英国驻上海领事贸易报告汇编》，“领事麦华陀1869 年度上海贸易报告”，第190页。

到52.1%。天津与上海间的洋货外贸转运也随之发生了改变。1905年津海关贸易报告中记载："本年特别之事，系商人向外洋交易，并不经过上海。"①日本人的调查也指出："天津的贸易，以前是经由上海的间接贸易。外国货物全都一律在上海卸货，然后从上海转卖到天津。可是，在近两三年以来，由于天津商人地位的提高，以及各种贸易机构的完善，结果过去经由上海进口的货物，大多数从原产地直接向天津进口。以前天津外来货物之八九成，是经上海而来；可是在1906年，外国直接输入额为40102558两，经由上海的输入额为25095998两，二者成为八与五之比。"②直接从外洋进口，可以节省经上海的经理人转购、出入栈及运输的费用，更为有利可图，早为天津外商所期待，因此一经发展即越来越活跃。③至1919年，天津直接进口比重已达77.1%，此后直到1930年都保持在77%左右。

表2-1　天津直接进口比重表（1875—1930）

年份	直接进口值（海关两）	由国内口岸进口（海关两）	进口总值（海关两）	直接进口所占比重（%）
1875年	962781	7585709	8548490	11.3
1885年	1663766	10852442	12516208	13.3
1895年	5367536	18014993	23382529	23.0
1905年	31463208	28966465	60429673	52.1

①吴弘明整理：《津海关年报档案汇编》下册，"光绪三十一年（1905年）天津口华洋贸易情形论略"，第146页。

②日本中国驻屯军司令部编：《天津志》，侯振彤中译本，天津市地方史志编修委员会总编辑室1986年，第239～240页。

③吴弘明整理：《津海关年报档案汇编》下册，"光绪三十二年（1906年）天津口华洋贸易情形论略"，第158页。

续表

年份	直接进口值（海关两）	由国内口岸进口（海关两）	进口总值（海关两）	直接进口所占比重（%）
1910年	32678087	21360129	54038216	60.5
1915年	40636947	15029098	55666045	73.0
1919年	66882879	19858045	86740924	77.1
1925年	85087916	25222217	110310133	77.1
1930年	104185112	31321039	135506151	76.9

数据来源：根据《中国旧海关史料》历年数据整理。

由表2-2可见，天津对日、英、美、欧洲大陆的直接进口值自19世纪90年代中叶以后增长迅速，直接进口能力明显增强。自19世纪80年代中期开始，天津对日贸易开始有所发展，1886年，日本邮船公司在天津与长崎间开辟了途经仁川的直运航线，中日间贸易“已见发达之兆，诱使大批日商来此定居”[①]。甲午战争后，日本与清政府签订《马关条约》，获得大量权益和巨额赔款，“和约（即《马关条约》）告成后之第一年，日人即变其兵战之力为商战”[②]，大力发展对华贸易。1905年日俄战争后，日本取得俄国在中国东北三省的特殊地位，对华贸易发展更为迅速。据1906年海关贸易报告记载，“进口洋货径由外洋购运，不由上海转批定者，本年比上年愈形踊跃。尤因日本与本埠各商直接之生意畅旺”[③]。该年直接进口值共4000万海关两，其中1200万海关两由日本船运来，各种杂货也以日本为数目最大。1907年，天津直接对日进口已占天

①吴弘明整理：《津海关年报档案汇编》上册，“1886年天津贸易报告”，第238页。

②吴弘明整理：《津海关年报档案汇编》下册，“光绪三十二年（1906年）天津口华洋贸易情形论略”，第158页。

③同上。

津直接进口的24.2%，由日本运来的大宗货物有棉纱、木料、布匹、火柴、纸类及海带菜等，“由外洋径运来津之货物，于各国中亦可谓日本进口货为特色”[①]。

表2-2 天津直接进口主要国别表(1875—1907)

国家和地区	1875年		1885年		1896年		1907年	
	进口值(海关两)	占直接进口总值比重(%)	进口值(海关两)	占直接进口总值比重(%)	进口值(海关两)	占直接进口总值比重(%)	进口值(海关两)	占直接进口总值比重(%)
日本	119117	12.4	120691	7.3	913316	13.7	9424000	24.2
英国	6295	0.7	325112	19.5	1663788	25.0	10407000	26.7
欧洲大陆	26368	2.7	139441	8.4	838944	12.6	8730000	22.4
美国	—	—	13796	0.8	244508	3.7	5601000	14.4

数据来源：1875、1885、1896年数据根据《中国旧海关史料》相关年度数据整理。1907年数据系据吴弘明整理《津海关年报档案汇编》“光绪三十三年天津口华洋贸易情形论略”所载数据整理。

天津与英美及欧洲大陆间的直接贸易也得以进一步发展。1901年，西伯利亚大铁路开通，天津同欧洲国家的贸易周期大大缩短，由天津至伦敦的行程比以前海程减少一半，贸易更加方便。[②]1900年后太平洋航

①吴弘明整理：《津海关年报档案汇编》下册，“光绪三十三年(1907年)天津口华洋贸易情形论略”，第174页。

②吴弘明整理：《津海关年报档案汇编》下册，“光绪二十九年(1903年)天津口华洋贸易情形论略”，第131页。

线的增多和远洋货船的增加，也为天津的直接贸易创造了条件。随着直接进口值的增长，天津直接进口商品的品种也随之增多。1907年，天津已可直接进口日本的棉纱、木料、布匹、火柴，英国的布匹，美国的面粉、煤油，德国的机器、军火、染料，比利时的铁路物料、电气器具、机器并玻璃，法国的丝绵栏杆缏带、布匹并洋酒等。①

一战期间，由于欧洲国家忙于战争，美国和日本成为天津的主要贸易对象国，两国在天津展开竞争。1919年，日、美与欧洲国家相比处于垄断地位，控制了天津的外贸，尤其是日本（见表2-3）。②天津对日、美两国的进口贸易，均无须依赖上海转运。天津可直接对日本开展进口贸易，一战期间，“由于战争及战争对欧洲地位的牵制而得到了好处的日本的金融地位此时却大为改善，以致它与天津的贸易远远超出历年的记录，由于大多数进口的布匹、化工产品、电料、纸张及染料等都是日本供应的，因此日本在岁入及航运表上占据首要地位。由于日本做了一大笔直接生意，因而岁入表上比它在价值表上更显突出”③。对美国的进口贸易除了直接进行，还可经日本转运，也无须经过上海。据1918年关册记载，天津由美国来的进口商品“多经由日本口岸，而非沿海口岸直抵上海转运津埠也”④。因此一战期间天津直接进口比重又有所增长。1910年，天津直接进口比重为60.5%；1919年已上升为70.1%（见表2-1）。随着天津直接对外进口的发展，对上海洋货转运的依赖性随之减弱。津海关税务司对此评论道：“册内所列进口洋货，由通商口岸运津者，不

---

①吴弘明整理：《津海关年报档案汇编》下册，“光绪二十九年（1903年）天津口华洋贸易情形论略”，第174页。

②姚洪卓主编：《近代天津对外贸易（1861—1948年）》，第77页。

③吴弘明译：《天津海关年十年报告书（1912—1921）》，天津社科院历史所编：《天津历史资料》，第13期。

④《中华民国七年（1918年）天津口华洋贸易情形论略》，《中国旧海关史料》1918年分册，第384页。

无退步，实皆直接向外洋各产货场交易，不由沪购，职是故也。”①

表2–3 1917、1919年天津直接进出口贸易国别表（%）

年份	日本	美国	英国
1917年	67.26	15.08	3.43
1919年	65.62	17.56	4.42

数据来源：根据王怀远《旧中国时期天津的对外贸易》中数据整理，载《北国春秋》1960年第2期第41页。

天津的直接对外进口逐渐发展壮大，但是逢进口贸易不景气的年份，天津洋货进口仍采取由上海转运的方式，以避免直接贸易的风险。1908、1909年，由于汇价变化，导致进口贸易不稳定，天津由外洋直接进口减少，分析其原因乃“不可谓为近数年来营进口货之各商，于宁愿由外洋出货处直接批定，而不在上海购买之趋向有所变迁。多因进口贸易减色，故不得不暂在上海现购，未肯放胆贪获厚利由外洋批定耳”②。除直接进口外，天津由国内口岸进口仍以上海为多。1910年，天津直接进口为32644289海关两，由国内口岸进口为20668748海关两，其中“来自上海居多数”③。

①《中华民国三年（1914年）天津口华洋贸易情形论略》，《中国旧海关史料》1914年分册，第386页。

②吴弘明整理：《津海关年报档案汇编》下册，“光绪三十四年（1908年）天津口华洋贸易情形论略”“光绪三十五年（1909年）天津口华洋贸易情形论略”，第187、197页。

③吴弘明整理：《津海关年报档案汇编》下册，“宣统二年（1910年）天津口华洋贸易情形论略”，第208页。

二、沪津洋货外贸埠际转运主要商品

20世纪初之前，鸦片和纺织品是天津进口洋货的最大宗。1863年，天津进口洋货中鸦片占36.4%，是进口第一位的大宗商品。19世纪70年代后，纺织品进口量逐渐上升，取代鸦片成为天津进口商品的第一位。[①]20世纪初之前，天津对上海外贸埠际转运依赖性非常高，鸦片和纺织品均主要依靠上海外贸转运，是沪津间洋货外贸埠际转运最主要的两大商品。

（一）鸦片

鸦片是由上海转运天津的重要进口商品。开埠后，天津很快成为鸦片进口的重要口岸。1865年，天津进口的外国鸦片数量仅次于广州、上海，比其他各口岸都多。由表2-4数据可知，天津直接由国外进口的鸦片数量非常少，有些年份根本没有直接进口，全部由国内其他口岸运来，主要是上海。英国驻沪领事报告中也评论道，天津是“由上海供应进口鸦片的”[②]。1867年，天津共进口鸦片4602987海关两，其中4403989海关两经上海转运而来，占95.7%。同年，几个天津人在上海开设了旅馆，其目的就是“供该地商人从北方口岸来上海购买鸦片和其他洋货时住宿之用”[③]。1888年，天津进口鸦片中只有不到10担由香港进口，“余者照旧经由上海转至本埠”[④]。

---

①姚洪卓主编：《近代天津对外贸易（1861—1948年）》，第111～112页。

②李必樟编译：《英国驻上海领事贸易报告汇编》，“领士许士1881年度上海贸易报告”，第567～568页。

③李必樟编译：《英国驻上海领事贸易报告汇编》，“领事文极司脱关于1867年度土地和房产的备忘录”，第161页。

④吴弘明整理：《津海关年报档案汇编》上册，“1888年天津贸易报告”，第249页。

表2-4 天津进口鸦片比重表（1870—1904）

年份	天津进口总值（海关两）	外国鸦片占天津进口总值比重（%）	由国内口岸进口值（海关两）	占鸦片进口总值比重（%）
1870年	12082993	30.4	3676975	100
1875年	8548490	21.5	1772280	96.2
1885年	12516208	6.9	858921	100
1895年	23382529	3	685555	97.7
1904年	36840510	0.55	201000	100

数据来源：根据《中国旧海关史料》相关年度天津海关数据整理。

从19世纪70年代开始，中国土烟的种植大为发展。清政府对北方种烟大为鼓励，希望土药最终可以排斥洋药，并为偿付外债和赔款，对土烟课以重税，以增加税收。[①]同时，清政府也相信土产鸦片的毒性远比印度鸦片小，因此虽多次严令禁植罂粟，但实际则给以鼓励。于是山东、山西、陕西、河南、直隶及广东、四川、云南的土产鸦片皆涌入天津，天津进口鸦片自19世纪70年代开始逐渐减少，“土药设非全然取代洋药，亦望成为其极强之对手”[②]。1893年，津海关税务司已预料到洋药进口的前景：“洋药生意江河日下，将来匿迹销声似可预料。”[③]如表2-4所示，鸦片占天津进口总值比重在1870年尚有30.4%，1904年已降至不足1%了。

①苏智良：《中国毒品史》，上海人民出版社1997年版，第180页。

②吴弘明整理：《津海关年报档案汇编》上册，“1873年天津贸易报告”，第146页。

③吴弘明整理：《津海关年报档案汇编》上册，“光绪十九年（1893年）天津口华洋贸易情形论略”，第44页。

表2-5 转运天津的鸦片占上海进口鸦片比重表（1879—1884）（%）

鸦片品种	1879	1880	1881	1882	1883	1884
印度鸦片	13	9.9	9.7	8.7	8.4	7.3
波斯鸦片	25.8	26.3	29.5	15.8	2.2	0

数据来源：李必樟编译《英国驻上海领事贸易报告汇编》，“1880—1884年领事报告”。

从上海进口鸦片转运天津的统计数字中可以看出，天津本是上海进口鸦片的主要销售地之一，尤其是波斯鸦片，19世纪70年代末运往天津的数量尚占上海进口鸦片的1/4强，但是随着土烟的发展，这一比重不断降低，1884年已没有波斯鸦片由上海运往天津了。由于清政府与英国的协商，鸦片的进口自20世纪初开始逐渐减少，1910年后天津海关统计册上已不再有鸦片进口的统计，鸦片便从上海与天津的洋货外贸转运中消失了。

（二）棉布

天津开埠后不久即成为全国重要的洋布输入和集散中心。本色市布是中国进口棉布的最大宗。1861—1866年间，在中国进口本色市布的各口岸中，天津均居第一位。虽然上海进口数额很大，但是其转运国内其他口岸的数额也很大，留存本地消费的还不足天津进口之数。①1865—1895年间，天津棉布输入量已占全国洋布进口总数的1/4强，位居全国之首。②然而如表2-6所示，20世纪前，天津棉布直接由国外进口值微乎其微，90%以上都是由国内其他口岸进口，其中绝大多数来自上海。

①吴弘明整理：《津海关年报档案汇编》上册，“1866年天津贸易报告”，第16～17页。
②罗澍伟主编：《近代天津城市史》，中国社会科学出版社1993年版，第171页。

表2-6 天津进口棉布比重表（1870—1904）

年份	天津进口总值（海关两）	占天津进口总值比重（%）	由国内口岸进口（海关两）	占棉布进口总值比重（%）
1870年	12082993	56.9	6295059	91.6
1875年	8548490	56	4759981	99.4
1885年	12516208	68.4	8365423	97.7
1895年	23382529	56.8	13154046	99
1904年	36840510	38.9	10618207	74.1

数据来源：根据《中国旧海关史料》相关年度天津海关数据整理。

以1884年为例，选取天津进口的几种主要棉布，其中由上海转运数占天津进口总数比重高达98.7%。就是说上海几乎是天津进口棉布的唯一来源，其直接进口数微乎其微（见表2-7）。

表2-7 1884年上海转运天津的主要棉布表

单位：匹

品种	上海转运天津数	天津进口总数	占天津进口比重（%）	上海进口总数	占上海进口比重（%）
总计	2525873	2558548	98.7	8618521	29.3
原色布	1148027	1150401	99.8	4619193	24.9
标布	446344	455411	98.0	1755361	25.4
白色布	567571	569285	99.7	1398513	40.6

续表

品种	上海转运天津数	天津进口总数	占天津进口比重（%）	上海进口总数	占上海进口比重（%）
美国粗斜纹布	193987	206230	94.1	464108	41.8
美国细斜纹布	33820	38610	87.6	44470	76.1
红布	136124	138611	98.2	336876	40.4

数据来源：上海数据来自李必樟编译《上海近代贸易经济发展概况》，“总领事许士1884年度上海贸易报告”，第673～674页。天津数据来自《中国旧海关史料》1884年分册津海关数据。

天津是上海进口棉布的最大销售地之一，“上海所进棉货半为天津并芝罘所得”①。天津开埠后，很快便成为上海进口棉布的重要倾销地。英国驻沪领事注意到了这一点：“对棉织品的需求主要来自北方口岸，特别是天津，看来英国制成品在那里的消费量正在迅速上升。各类商品价格如保持与该口岸开放时的市价相似，则目前的销售量再加一倍在那里大概也能卖掉。”②天津连续多年在上海多种进口棉布的转运去向中名列前茅。③以1884年为例，上海进口的几种主要棉制品中约1/3转运往天津，有些品种如白色布、斜纹布、红布等40%以上都转运往天津（见表2-7）。

天津是上海进口白色布的最大消费地。1879年，天津由上海进口了439567匹白色布，上海本地的消费量才58600匹，只有汉口的进口量能

①吴弘明整理：《津海关年报档案汇编》上册，“1866年天津贸易报告”，第45页。

②李必樟编译：《英国驻上海领事贸易报告汇编》，“领事文极司脱关于1865年度上海贸易的商务意见内容摘要”，第99页。

③李必樟编译：《英国驻上海领事贸易报告汇编》，“总领事许士1884年度上海贸易报告”，第672～677页。

略与之相匹敌，“其他各口岸所购数量比较起来都是无足轻重的”[①]。天津还是上海进口粗布的主要市场，与牛庄、烟台三个北方口岸几乎购去了所有上海的进口粗布。[②]

作为主要销售市场，天津对上海的进口棉布贸易也有影响。天津是上海进口美国细斜纹布的主要销售市场。1878年，上海共转运国内美国细斜纹布40100匹，其中天津即占了60%。天津对这种布的大量需求约始于7月中旬，因而上海的美国细斜纹布在此之前“销售进展艰难”[③]。天津市场受阻，对上海的棉布市场也会有直接影响。1867年，天津通向内地的水道干涸，不但增加了商品运往内地的运输费用，并且由于缺水引起歉收，降低了当地对于进口商品的购买力，因而减少了对进口商品的消费量。这一年，上海进口白色布的数量即减少了32%，平均价格也下降了64%，就是“天津市场在通常的活跃季节中却出现了淡季所引起的”。进口花布也因在英国的价格高于上海，“转销天津的数量又大大地减少”，使得上海进口花布价格停留在低水平上，加大了贸易风险。[④]

20世纪初之前，天津的棉布几乎全部经上海转运进口。自20世纪初开始，随着天津直接进口能力的增强，进口棉布“由上海转运来津者逐渐减少”[⑤]，改由欧美直接进口。1907年，天津进口的棉布中，只有素色布由上海转运的比直接进口的多，“其各种花色之布匹，多半径由欧

①李必樟编译：《英国驻上海领事贸易报告汇编》，“副领事阿连壁1879年度上海贸易报告”，第523页。

②李必樟编译：《英国驻上海领事贸易报告汇编》，“领事达文波1878 年度上海贸易报告”，第477页。

③李必樟编译：《英国驻上海领事贸易报告汇编》，“领事达文波1878 年度上海贸易报告”，第476页。

④李必樟编译：《英国驻上海领事贸易报告汇编》，“领事文极司脱关于1867年度上海贸易的商务意见摘要”，第144、145页。

⑤吴弘明整理：《津海关年报档案汇编》下册，“光绪三十二年（1906年）天津口华洋贸易情形论略”，第159页。

美各国订购来津”[①]。

（三）棉纱

天津海关关册中自1879年开始有棉纱进口的记载，1881年进口仅1510担，此后不断增长，1885年已增至35157担，成为天津的大宗进口商品。[②]天津进口的主要是英国棉纱和印度棉纱，其中又以印度棉纱为多，主要来自上海。19世纪末，天津从上海转运进口的洋纱猛增，其净进口值从1883年的19.9万两，激增至1893年的302.7万两，十年间增加14.2倍，已占据天津进口洋货的第二位。[③]1887年，英国驻沪领事在该年贸易报告中提道，天津的市价甚为坚挺，有大量棉纱不断投入消费，使得对印度棉纱的需求不断增长。[④]随着棉纱进口的增长，天津形成了棉纱批发商业，形成了“上海洋行—天津批发商—天津—各地‘老客’—内地”的流通渠道。[⑤]

随着对日贸易的发展，日本棉纱打入天津市场，并且高速扩张。1893年，天津进口日纱282担，1897年以后增加到年进口5万担，1907年天津进口棉纱中已以日本为最。一战期间，英国棉纱进口大减，日本棉纱进口则大增，1913年进口23万担，1915年已超过30万担。[⑥]随着天津直接对日贸易的发展和进口棉纱品种的改变，天津对上海进口棉纱转运的依赖减小，日本棉纱已成为天津直接进口的大宗。[⑦]

---

①吴弘明整理：《津海关年报档案汇编》下册，“光绪三十三年（1907年）天津口华洋贸易情形论略”，第173页。

②吴弘明整理：《津海关年报档案汇编》上册，“1885年天津贸易报告”，第231页。

③陈争平：《天津口岸贸易与华北市场（1861—1913）》，《中国社会科学院经济研究所集刊》第11集，中国社会科学出版社1988年版，第186页。

④李必樟编译：《英国驻上海领事贸易报告汇编》，“总领事许士1887年度贸易报告”，第716页。

⑤丁世洵：《解放前天津棉纱批发商业史略》，《南开学报》1981年第4期。

⑥姚洪卓主编：《近代天津对外贸易（1861—1948年）》，第122页。

⑦吴弘明整理：《津海关年报档案汇编》下册，“光绪三十三年（1907年）天津口华洋贸易情形论略”，第174页。

第二节　上海与天津的土货外贸埠际转运

一、沪津土货外贸埠际转运变迁

每年除大批洋货由上海转运往天津外，还有大量土货由天津运往上海，经上海转运出口。天津土货直接出口发展缓慢，一战前主要依赖上海转运出口。随着天津出口商品的改变及一战期间直接出口的迅速发展，天津与上海土货外贸埠际转运关系的疏离加快，20世纪20年代已基本以天津直接出口占主导了。

（一）沪津土货外贸埠际转运紧密时期（1866—1904）

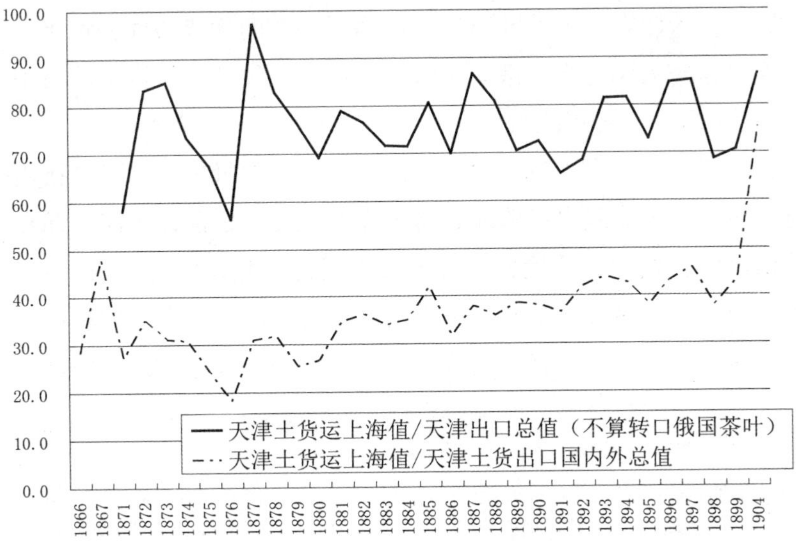

图2-2　1866—1904年间沪津土货外贸埠际转运比重图

数据来源：见附表六“上海与天津土货外贸埠际转运表”。

1.天津土货出口中的特殊部分

1866—1904年间，经上海转运出口值占天津土货出口总值年平均36.6%，为图2-2中虚线代表的部分所示。这一比重并不像进口方面的比重一样高，主要是因为天津虽然直接出口能力不强，但在中国对俄茶叶出口中却占据重要地位。

中国茶叶出口俄国可以走海路，也可以走陆路。天津的陆路运茶与海路相比有很大优势。首先从运输特点来看，茶叶走海路会因受潮而大大影响质量。而由北方干冷的陆路运输，不但可脱去茶叶焙制所生的异味，而且夜间茶叶卸于大雪覆盖的草原吸收的潮气，还会使茶叶具备一种特别的香味。因此俄国的茶叶鉴赏家称由陆路运往俄国的茶叶比自汉口由海路运至伦敦的更美味①，可以在俄国卖更高的价钱②。其次从茶叶的销处来看，汉口、福州的砖茶绝大部分不是运至俄国之西伯利亚，而是销于蒙古，经天津比经黑龙江更方便，所以经天津陆运“不特省事抑且省钱”③。

因此，天津在对俄茶叶出口上占据了特有的优势条件，每年大量茶叶由汉口运来天津复出口俄国，包括红茶叶、红茶砖、绿茶砖与茶末制成的片茶花。④“若将此量估为北运茶叶之九成，谅必无误。”⑤

1903年，西伯利亚铁路建成，汉口、福州等处的茶叶可直接用船运到海参崴，经天津复出口值才有所下降。但在此之前，天津长期在对俄茶叶出口中占据重要位置，津海关贸易报告对此评价道：“在中国的转口贸易中，从陆路转运俄国的茶叶是最重要的项目。在西伯利亚铁路成为去俄国的更快、更便宜的道路之前的日子里，大量的茶叶经过天津从

---

①吴弘明整理：《津海关年报档案汇编》上册，“1877至1879年天津贸易报告”，第182页。

②吴弘明整理：《津海关年报档案汇编》上册，“1886年天津贸易报告”，第237页。

③吴弘明整理：《津海关年报档案汇编》上册，“1877至1879年天津贸易报告”，第182页。

④许逸凡译：《天津海关十年报告书（1902—1911）》，天津社会科学院历史研究所编《天津历史资料》第13期，第49页。

⑤吴弘明整理：《津海关年报档案汇编》上册，“1877至1879年天津贸易报告”，第182页。

张家口—恰克图这条道路运到俄国。”①

2. 天津依赖上海的土货外贸埠际转运

如果除去对俄复出口茶叶的部分，天津对其他国家的出口与复出口中，经上海转运值即高达平均75.8%，如图2-2中上面第一条折线所示，与洋货经上海转运的年均比重75.1%接近。可见天津在对其他国家的出口中对上海转运还是相当依赖的。

开埠初期，天津土货出口值一直很小，当时腹地商品经济还不够发达，“山西以壤地贫瘠、物产无几而出名。蒙古有广阔无垠之草原，除牛羊之外亦罕有所出”②，无法为天津提供足够的出口商品。因此天津在开埠以后相当长时期内出口值十分有限。1861年至1865年美国内战时期，由于世界市场的需求，天津一度有少量棉花经上海转运英国。③1866年后，棉花出口渐恢复原来水平，天津土货出口又复归沉寂，以至海关贸易报告中直接写道：“出口货其数之少、其价之低，致统计册内之出口部分读之深感乏味。棉花贸易难以指望再获推动之力，求有上次战祸（按：指美国内战）之刺激，则更不可得矣。”④19世纪60年代末，在上海土货来源中，天津仅占3%左右，微不足道（见附表六）。

但是从19世纪70年代后期开始，天津的出口贸易开始逐步发展，草帽辫、骆驼毛、绵羊毛、山羊绒、绵羊绒、山羊皮褥、生皮以及猪鬃等出口逐渐增多，至80年代已成为其出口大宗。1902—1911年的天津海关十年报告中记载：“天津出口贸易大量增加，在出口外国的货物中也经常出现新的品种。在本埠商业发展中，这是一种最为重要的特色。”⑤而天津新增长的土货多运往上海出口，海关报告评价道，“土产径

---

①许逸凡译：《天津海关十年报告书（1902—1911）》，天津社会科学院历史研究所编：《天津历史资料》第13期，第31页。

②吴弘明整理：《津海关年报档案汇编》上册，“1865年天津贸易报告”，第5～6页。

③吴弘明整理：《津海关年报档案汇编》上册，“1866年天津贸易报告”，第34页。

④吴弘明整理：《津海关年报档案汇编》上册，“1869年天津贸易报告”，第113页。

⑤许逸凡译：《天津海关十年报告书（1902—1911）》，天津社会科学院历史研究所编：《天津历史资料》第13期。

运外洋者稀少，似可毋庸论及，惟所出各项皮及羊毛、骆驼毛、猪毛、羊皮褥、草辫等类运往上海者，多半系转运外洋”①。1891年，天津出口绵羊绒约102.7万海关两，只有约1.9万海关两直接出口国外，另有约3.2万海关两经香港转运出口，其余皆“由津赴沪转运外洋”。②由天津运来的土货比重也在缓慢增长，1894年后基本保持在10%以上，由此可见天津在上海土货来源中的重要性在不断上升。

（二）沪津土货外贸埠际转运疏离时期（1905—1930）

随着天津独立进口能力的提高，其直接出口能力也得到了发展。1901—1911年的津海关十年报告记载：“在最近五年中，驶到天津的远洋轮船数目日益增加，直接从美洲、欧洲和日本运货来津并且也运货回去。”③1902年天津直接出口美国的增长已足以引起注意，“盖缘美国销场极广，所以径运美国较捷于由上海转运也”④。1909年天津直接出口外洋达1030 946海关两，比前一年几乎增长一倍，“进步堪为猛锐”⑤。

表2-8　天津土货直接出口值表（1875—1930）

年份	直接出口值（海关两）	出口往国内口岸值（海关两）	本口土货出口总值（海关两）	直接出口所占比重（%）
1875年	2559	1687228	1689787	0.2
1885年	73	3744998	3745071	0.0

①吴弘明整理：《津海关年报档案汇编》下册，“光绪二十三年（1897年）天津口华洋贸易情形论略”，第69～70页。

②吴弘明整理：《津海关年报档案汇编》上册，“1891年天津贸易报告”，第24页。

③许逸凡译：《天津海关十年报告书（1902—1911）》，天津社会科学院历史研究所编：《天津历史资料》第13期。

④吴弘明整理：《津海关年报档案汇编》下册，“光绪二十八年（1902年）天津口华洋贸易情形论略”，第114页。

⑤吴弘明整理：《津海关年报档案汇编》下册，“光绪二十九年（1903年）天津口华洋贸易情形论略”，第199页。

续表

年份	直接出口值（海关两）	出口往国内口岸值（海关两）	本口土货出口总值（海关两）	直接出口所占比重（%）
1895年	549941	8608983	9158924	6.0
1905年	7595982	7143377	14739359	51.5
1904年	2069362	12826017	14895379	13.9
1910年	3181683	21836468	25018151	12.7
1915年	15333933	34526031	49859964	30.8
1918年	26441850	24738205	51180055	51.7
1919年	27471054	44078979	71550033	38.4
1925年	61704132	38233821	99937953	61.7
1930年	78280220	31944993	110225213	71.0

数据来源：《中国旧海关史料》相关年度数据。

与其直接进口在1905年后的迅速发展相比，天津的直接出口贸易发展较为缓慢，增长幅度也相对较小，直到1910年，也仅达到出口总值的12.7%，仍有高达近90%运往国内口岸（主要是上海）转运出口。天津的主要出口商品如猪鬃、皮毛、草帽辫、棉花等，仍“皆由上海转运外洋”。在海关贸易报告里甚至不论及天津直接出口的具体数目，“缘有多半由上海转运之货，以故未载于径运外洋货物册内耳”[①]。

1910年后，天津直接出口发展速度开始加快，尤其在第一次世界大战期间，天津直接出口发展迅猛。1918年，直接出口值已经超过了出口

①吴弘明整理：《津海关年报档案汇编》下册，“光绪三十三年（1907年）天津口华洋贸易情形论略”，第174、175页。

往国内其他口岸值，占天津出口总值的51.7%，到1930年，这一比重已达71%。

对日贸易的兴起是天津直接出口发展的一大原因。随着20世纪初对鸦片的禁止，北方原本种植罂粟的地区大量改种棉花，棉花出口逐渐脱颖而出，成为天津出口第一位的大宗商品。[①]1910年后，天津棉花出口不断发展，日本是天津棉花出口的主要对象国。当时正值日本国内纺织业发展时期，对原棉需求非常大，华北棉质好，中日交通方便，运费又少，因此天津成为日本进口原棉的基地。直接出口日本的棉花占天津棉花出口国外的50%以上，有时甚至高达70%—80%，[②]促进了天津对日直接出口的发展。

第一次世界大战期间，天津对日直接贸易发展更为显著。大量皮毛、皮货、棉花、猪鬃运往日本，加工成军需品，销往欧洲市场，获取暴利，日本军需加工制造业一时大兴。如一战前天津猪鬃多为英美所购，一战爆发后则大量出口往日本。[③]

一战期间，美国国内日渐富裕，所需物资甚多，而当时各参战国及其属国，均禁止制造衣物的原料出口，因此，"其应用物品，只可取之华北商场，送使本埠出口贸易咸获厚利焉"[④]。美国也进口大量皮毛发展军需加工制造业，以满足欧洲战场的需求。羊皮出口一战前原以伦敦为最大出口对象，但一战期间即转向美国圣路易城。[⑤]美国成为天津的主要出口对象国，而天津对美出口经上海转运的并不多，经日本运往美国

①许逸凡译：《天津海关十年报告书（1902—1911）》，天津社会科学院历史研究所编：《天津历史资料》第13期。

②姚洪卓主编：《近代天津对外贸易（1861—1948年）》，第144页。

③《中华民国六年（1917年）天津口华洋贸易情形论略》，《中国旧海关史料》1917年分册，第384页。

④《中华民国五年（1916年）天津口华洋贸易情形论略》，《中国旧海关史料》1916年分册，第374页。

⑤《中华民国六年（1917年）天津口华洋贸易情形论略》，《中国旧海关史料》1917年分册，第381页。

"其数驾乎运往上海转运出洋者之上"[①]。对日贸易的兴起，及一战期间对日美直接贸易的增长，使天津直接出口的比重大为提高。一战后，天津直接出口已占据主导地位，上海外贸转运退居次要。

二、沪津土货外贸埠际转运主要商品

天津出口的皮毛、猪鬃、草帽辫在全国同类出口商品中占有重要地位，也是天津与上海间土货外贸埠际转运的主要商品。20世纪初，天津的这几种商品在全国同类出口商品中分别占据50%左右的高比重[②]，绝大多数经上海转运出口。棉花作为天津出口的大宗商品兴起较晚，也曾经是上海和天津间土货外贸转运的主要商品之一。

（一）皮毛

皮毛是天津出口的大宗土货之一，华北皮毛出口基本上由天津洋商派人去张家口、包头、石嘴山等皮毛集散地向皮毛商或牧民收购，集中到津，再转运上海等口。[③]

山羊皮褥是天津出口皮毛的大宗之一。1880年，天津出口山羊皮褥只有125328张，其销路兴于1881年秋季，到1891年已有51.9万余张。其骤增，是由于美国需用皮褥装备卧车及别种铁路客车。[④]天津的山羊皮褥皆运往上海转运出口，主要转销纽约和伦敦。[⑤]每逢欧美市场有阻滞时，便积存上海。据津海关贸易报告所记，1883年次等皮褥销路不好，便在上海存货积压很多。[⑥]1889年青色山羊皮褥滞销，即"有青山羊皮褥

①《中华民国五年（1916年）天津口华洋贸易情形论略》，《中国旧海关史料》1916年分册，第379页。

②姚洪卓主编：《近代天津对外贸易（1861—1948年）》，第133页。

③陈争平：《天津口岸贸易与华北市场（1861—1913）》，《中国社会科学院经济研究所集刊》，第11集，中国社会科学出版社1988年版，第161页。

④吴弘明整理：《津海关年报档案汇编》上册，"1882年天津贸易报告"，第216页。

⑤吴弘明整理：《津海关年报档案汇编》上册，"1881年天津贸易报告"，第208页。

⑥吴弘明整理：《津海关年报档案汇编》上册，"1883年天津贸易报告"，第222页。

二十万张，存在上海尚未售出”[①]。除山羊皮褥外，天津出口的皮、山羊皮衣、羔皮、绵羊皮褥、牛皮也均见增，均以运往上海出口为多。

骆驼毛也是天津出口的大宗商品之一。1875年天津出口骆驼毛只有4071担，1876年已增至9824担。骆驼毛在美国用来织造穷人用的次等披肩，在英国则混以普通绵羊绒，制成绒毡、地毡及粗布，[②]极为柔细的骆驼毛纤维还可以混和丝，用于织造各种华美的女式衣料。[③]天津出口的骆驼毛多运往上海转运出口。上海方面对此记载道：“骆驼毛是从天津运来的，有时也运往欧洲。其出口量从1878年的11758担增加到1879年的14668担。可用它织成极好的布。”[④]但骆驼毛的销量并不十分稳定，因为国外需求无常，视时尚变幻而定，因此有时交易对经销商无利可图，“盖彼等在蒙古所付之价，断非本地及上海销场所能承受”，原价合理时，则在上海畅销不衰。[⑤]

骆驼毛主要产自蒙古平原，运到天津的骆驼毛中常含有沙子、毛发、粪便、旧皮碎片之类。自天津出口的骆驼毛，有20%是在天津经过尽量彻底的清理的，随后以汽压压成密实之包，装入粗麻袋，并固以铁箍，备成每个重约300斤的包，以运销外洋。还有一些骆驼毛按自蒙古来天津时的原状，即没有包装，只以数根骆驼毛所制的绳索捆绑，运去上海，由上海的买方或借天津代理人订货的一方再行处理。[⑥]上海对外服务的包装企业为天津皮毛的出口提供了推动力，打包厂可使出口骆驼毛以更适当、更轻便的形式从中国运出去，不但经得起航行途中的折腾，

---

①吴弘明整理：《津海关年报档案汇编》上册，“光绪十五年（1889年）天津口华洋贸易情形论略”，第7页。

②吴弘明整理：《津海关年报档案汇编》上册，“1874年天津贸易报告”，第154页。

③吴弘明整理：《津海关年报档案汇编》上册，“1877—1879年天津贸易报告”，第178页。

④李必樟编译：《英国驻上海领事贸易报告汇编》，“副领事阿连壁1879年度上海贸易报告”，第545页。

⑤吴弘明整理：《津海关年报档案汇编》上册，“1882年天津贸易报告”，第215～216页。

⑥吴弘明整理：《津海关年报档案汇编》上册，“1877—1879年天津贸易报告”，第177～178页。

还可以减小体积，在一定程度上促进了天津早期皮毛的对外出口。①

除骆驼毛外，天津出口的绵羊毛、山羊毛、马毛也越来越受欢迎，在伦敦及欧洲大陆销场需求愈见扩大，“常川不辍”，多运往上海转运出口。②

（二）猪鬃

猪鬃在19世纪80年代逐渐发展成为天津一项重要的出口商品。猪鬃主要用来制作鬃刷，是工业及军用不可缺少的原料。第一次世界大战前，西方国家为备战，大量收购猪鬃，使得猪鬃出口猛增。猪鬃大半由妇女、小孩选扎运售，再由洋商细择一律尺寸，分别装箱，运赴外洋。其价值高低，取决于拣工的优劣。而天津所出的猪鬃为极品，如果真是天津产的，出售时甚至无须看样。③

上海是全国出口猪鬃的最大口岸，一战期间，由上海出口的猪鬃数量占全国猪鬃出口的75%。④天津猪鬃主要运往上海装船出口，上海最早经营猪鬃的英商隆茂与平和洋行，在天津也设有分行。⑤

19世纪二三十年代，欧美和日本的远洋轮船公司在华航线日益扩展，华北和东北的猪鬃大都由天津、大连直接出口，使得经由上海出口和转运的比重相对减少。⑥

（三）草帽辫

草帽辫是用麦秆编织成的产品，既是生活用品，又是工艺品，有良好的国际市场。1869年，草帽辫首次被载入天津出口货品当中，出口仅有85担，但增长得很快，到1879年已达10973担之多，很快便列天津出

①徐雪筠译编：《上海海关十年报告译编》，《海关报告之一（1882—1891）》，第8～9页。

②吴弘明整理：《津海关年报档案汇编》上册，“1883年天津贸易报告”，第220～221页。

③吴弘明整理：《津海关年报档案汇编》下册，“光绪十九年（1893年）天津口华洋贸易情形论略”，第42页。

④上海社会科学院经济研究所、上海市国际贸易学会学术委员会编：《上海对外贸易》，第337页。

⑤同上。

⑥上海社会科学院经济研究所、上海市国际贸易学会学术委员会编：《上海对外贸易》，第336页。

口商品之首，1884年已增至42160担。①

天津出口的草帽辫多经上海转运。1883年底，当欧洲对草帽辫的需求传来时，天津的投机性需求勃然而兴，所有草帽辫现货“即速借最后离津之轮购运上海”②。运往上海的草帽辫有少数质量较次的运往南方各口，制成华人所戴的草帽，数量不足以引起重视。③其他运往上海的草帽辫都是用于出口的，以转运往纽约、伦敦为主。行销欧美的草帽辫大半用以制作草帽，还可制成装饰品如针线篮、画框、精美的编织物等等，在国外广受欢迎。④

（四）棉花

华北的山西、河北两省是种植棉花的绝好地点，津海关的英国税务司认为，“除密苏里州外，能如晋直两省这一甚北之处广植棉花者，可谓举世无双矣”⑤。但天津的棉花最初仅以内贸为主。1864、1865年美国内战时期，世界棉花供应紧张，天津在这期间有少量棉花经上海转运英国。1864年由上海运往英国的棉花共有223741担，天津占15163担；1865年上海向英国出口棉花99225担，其中天津所供者3535担。当时天津出口国外的土货非常稀少，此项经上海转运的棉花，已是天津出口的大宗。⑥但随着美国内战的结束，天津棉花出口数量大减，1866年中国运往英国的棉花即降至极微之数，1870年已降至仅有719担。有数年天津棉花没有出口，甚至一度成为进口商品。

自1910年开始，由于日本发现华北一带所产棉花适于棉毛交织及制造火药之用，因此有侨居天津的日商从事棉花出口贸易，购棉入日本，使得天津棉花出口量重新增长，并逐渐发展成为天津出口商品的大

---

①吴弘明整理：《津海关年报档案汇编》上册，“1884年天津贸易报告”，第227页。

②吴弘明整理：《津海关年报档案汇编》上册，“1883年天津贸易报告”，第220页。

③吴弘明整理：《津海关年报档案汇编》上册，“1877—1879年天津贸易报告”，第180页；下册，“光绪二十三年（1897年）天津口华洋贸易情形论略”，第70页。

④吴弘明整理：《津海关年报档案汇编》上册，“1877—1879年天津贸易报告”，第181页。

⑤吴弘明整理：《津海关年报档案汇编》上册，“1866年天津贸易报告”，第33～34页。

⑥吴弘明整理：《津海关年报档案汇编》上册，“1866年天津贸易报告”，第34页。

宗。[①]天津棉花出口国外以日、美、英、法为主要市场，国内通商口岸中以上海为首，据估计约占一半以上，运往上海的棉花多转销欧美各国。[②]以1911年为例，天津出口棉花共9426394海关两，其中直接运往日本为2568737海关两，经上海转运国外则为6708316海关两，占71.2%。[③]

天津直接出口国外的棉花占其棉花出口总数的比重不断增长，1906—1910年为15%，1911—1915年增至42%，1916—1920年为56.8%，1921—1925年为80.3%，1926—1930年已增至88.9%。[④]其中当以对日直接出口为多，天津直接出口之增长明显可见，经上海转运出口的棉花渐少。

第三节　本章小结

上海是全国外贸中心，天津是华北最重要的中心口岸，上海和天津的外贸转运关系是上海作为全国外贸转运中心对华北影响力的主要体现。

一、沪津外贸埠际转运变迁的特点

通过对沪津间进出口两方面外贸埠际转运关系的考察，可以看出1864—1930年沪津间的外贸转运关系经历了一个由紧密到疏离的变化过程，可将其分为两个时期来分别看其变化特点。

①方显廷：《天津棉花运销概况》，南开大学经济研究所1934年版，第39页。

②姚洪卓主编：《近代天津对外贸易（1861—1948年）》，第143页。

③许逸凡译：《天津海关十年报告书（1902—1911）》，天津社会科学院历史研究所编《天津历史资料》，第13期。

④方显廷：《天津棉花运销概况》，第41页。

（一）沪津外贸埠际转运紧密时期（1866—1904）

1904年前天津对上海外贸埠际转运处于绝对依赖的地位，二者外贸转运关系的变迁有如下几个特点：

1.天津对上海外贸埠际转运单向依存。这一时期，沪津外贸转运占天津外贸的比重长期高达70%左右，而占上海外贸的比重却仅为10%—20%。因此沪津间的外贸埠际转运是天津向上海的单向依存，并且依存度相当高，显示出上海作为全国外贸转运中心对天津及华北的影响力。

2.天津在上海外贸转运中的进口与出口地位不平衡。沪津间进出口两方面的外贸转运占天津外贸的比重都很高，但是在上海外贸比重中则显出了进口与出口的不平衡：转运天津的洋货占上海洋货转运的20%左右，天津是上海洋货的稳定销场；但在上海土货来源中，天津所占比重却很低，到1904年也仅有10%左右。因此，与上海间的外贸转运对天津而言，在进出口两方面具有同样的重要性；对上海而言，天津作为洋货销场的重要性多过作为土货来源的重要性，这与早期天津出口商品的贫乏有关。

（二）沪津外贸埠际转运疏离时期（1905—1930）

20世纪初，天津直接进出口开始发展，沪津外贸埠际转运关系逐渐疏离，这一时期二者外贸转运关系的变迁有如下几个特点：

1.天津直接进口能力发展较快，20世纪初即摆脱了对上海洋货外贸转运的绝对依赖，此后更越来越脱离上海洋货外贸转运的影响。

2.天津从19世纪七八十年代开始，出口土货开始增多，直接出口能力也开始有所发展，但发展速度较慢，第一次世界大战间才迅速发展。一战后，直接出口已占据天津出口的主导地位，上海土货外贸转运对天津的影响随之降低。

总的说来，1866—1904年间是沪津外贸埠际转运关系紧密的时期。从20世纪初开始，沪津外贸埠际转运逐渐走向疏离，随着直接对外贸易的发展，天津逐渐脱离了上海外贸埠际转运的强辐射范围。沪津外贸埠际转运关系的这一变化，对上海和天津以及广大北方地区都产生了重要的影响。

二、沪津外贸埠际转运变迁的影响

（一）沪津外贸埠际转运连接着北方广阔腹地

天津向为“蒙古东部，直、晋两省以及鲁、豫两省北部天然出入口”[①]，其进出口商品均连接着广阔腹地。

天津的进口洋货除供河北省销用外，大量转销北方其他省份，山西省的太谷县、太原府、平阳府、蒲州府、潞安府、汾州府、大同府、朔平府，河南省的彰德府、卫辉府、怀庆府，山东省的临清州、东昌府、济南府，陕西省的西安府、同州府、兴安府以及蒙古的西南部，均仰给于天津市场的洋货供应。[②]因此有论“若论分销洋货入内地，天津可算与上海相抗衡”[③]。

天津经上海转运的土货都是在进出口贸易发展的刺激下新开发出来的，或因国外市场需求而出口量有大幅度增加。这些土货来自华北和西北广阔的腹地，羊毛来自蒙古，草帽辫来自直隶、河南，羔皮来自西藏、蒙古、张家口，羊皮来自山西、直隶，猪鬃来自满洲、山东与直隶。[④]

可见，在天津与上海的外贸埠际转运背后，连接着更为广阔的北方地区。据樊如森的研究，天津进出口贸易带动了腹地商品经济的发展，堪称北方近代外向型经济的龙头。[⑤]我们也应该看到，至少在20世纪初

①吴弘明整理：《津海关年报档案汇编》上册，“1877—1879年贸易报告”，第170页。

②吴弘明整理：《津海关年报档案汇编》上册，“1868年天津贸易报告”，第86页。

③吴弘明整理：《津海关年报档案汇编》下册，“光绪三十一年（1905年）天津口华洋贸易情形论略”，第149页。

④许逸凡译：《天津海关1892—1901年十年调查报告书》，天津市历史研究所编：《天津历史资料》第4期。

⑤樊如森：《论天津在北方广大地区经济发展中的中心地位》，复旦大学历史地理研究中心主编：《港口—腹地和中国现代化进程》，第243页。

之前，天津的一切进出口贸易均是以上海为指向的。天津为北方腹地经济的商品化所做出的贡献，确应在一定程度上归因于上海。上海通过与天津间的外贸埠际转运，将其影响力传递到北方的广大地区，体现了其作为全国外贸转运中心的地位。20世纪初之后，随着天津独立对外贸易能力的增强，许多原本经上海转运的洋货与土货均可独立对外开展进出口，经上海转运相应减少，上海对天津乃至华北的外贸转运影响力减弱，直接影响了上海全国外贸转运中心的地位。

（二）天津的独立与发展

作为北方地区的中心口岸，天津经历了与上海外贸埠际转运由紧密到疏离的变化过程。这一变化，对上海而言是失去全国外贸埠际转运中心地位的重要原因，对天津而言，却意味着口岸本身的发展壮大与独立性的增强。

天津早期港口的航运条件很差，穿越海河河口的大沽坝淤塞严重，不利于远洋轮船入港，再加上当时天津出口商品不足，也缺乏支撑贸易的金融机构，使天津的直接贸易开展一直受阻。1897年，天津海河工程委员会成立，开始着手对航道进行全面治理，同时随着天津金融、商业、服务业、航运业的发展及华北铁路网的建成，到20世纪初，天津已摆脱对上海的绝对依赖。独立进口的开展，使天津“由以前受外国和上海的控制，到能根据本地经济发展的需要而进口各种生产资料和生活资料”，不但促进了天津直接对外贸易的繁荣，对天津本身的经济发展也起到了很大的促进作用。直接对外贸易的发展，更使得天津由在世界各国对华贸易中微不足道的份额，发展成为各国对华贸易的重要组成部分，为19世纪20—30年代天津成为北方外向型经济的龙头奠定了基础。①

①樊如森：《天津港口贸易与腹地外向型经济发展（1860—1937）》，复旦大学历史地理研究中心2004年博士学位论文。

第三章

上海与汉口的外贸埠际转运

开埠前，上海与长江沿江各口岸联系并不密切，直到19世纪60年代以前，整个长江流域的贸易尚未全线贯通，上海与长江沿江城市之间的贸易也没有直接沟通。[①]随着第二次鸦片战争后一系列不平等条约的签订，长江沿江口岸相继被辟为通商口岸，整个长江流域几乎全线开放，成为上海作为全国外贸中心背后深广的腹地。汉口是长江流域仅次于上海的重要口岸，位居华中，“得水路四通之便，沿长江，则可远到四川、云南、贵州等省；沿汉水，则可达河南、陕西、甘肃诸省，湖南、江西亦均有舟楫运漕之便，其他山西、安徽之货物，概汇集于此地，所谓九省通衢也”[②]。自1862年开埠起，汉口即与上海保持着密切的外贸埠际转运关系，有论称“上海者，为外国贸易之总汇；汉口者，为内地贸易之中枢。扬子江流域其他各港，皆不过为此两地之附庸而已”[③]。上海与汉口间长期密切的外贸埠际转运，对华中地区乃至全国的贸易有着举足轻重的影响。

①熊月之主编：《上海通史·晚清经济》，第249～253页。

②《湖北商务报》1899年第14册，《视察中国汉口复命书》（上），译《通商汇纂》。

③《国风报》，1910年第23号。

第一节　上海与汉口的洋货外贸埠际转运

一、沪汉洋货外贸埠际转运变迁

汉口开埠后很快便成为华中洋货集散中心，开埠后的相当长时期内，汉口直接对外进口发展缓慢，其对外进口主要依赖上海转运。根据上海与汉口间洋货外贸埠际转运的变化情况，可将其变迁分为两个时间段。

（一）沪汉洋货外贸埠际转运紧密时期（1864—1899）

图3-1所示，是上海洋货转运汉口值占汉口进口总值比重变化情况，该比重越高，说明汉口对上海洋货外贸埠际转运的依赖程度越高。根据这一比重的变化情况，可大致分为两个时期：

1864—1885年：汉口开埠没多久，对上海洋货转运依赖程度很高。1867—1870年连续几年均在99%以上，是汉口依赖上海洋货转运程度最高的一个时期。自1872年起，经上海转运洋货值占汉口进口总值的比重开始下降，至1885年降到最低值66.6%。

1886—1899年：从1886年开始，经上海转运洋货值占汉口进口总值的比重逐渐回升，到1898年又高达97.5%。这段时间内，汉口的直接进口非常有限，1890年直接进口的只有日本煤炭①。1897年，直接进口略有加增，共计17.49万余海关两，包括洋煤6.7万余海关两，焦炭1.2万余海关两，各项机器1万海关两，糖7.6万余海关两，其中以日本煤为大宗，这些也基本上是汉口直接进口的主要商品。但在汉口进口总值

①《光绪十六年（1890年）汉口华洋贸易情形论略》，《中国旧海关史料》1890年分册，第117页。

中，直接进口所占比重仍非常微小，进口洋货“由外洋直抵本口者，殊觉寥寥”①。汉口的大宗进口商品，主要经上海转运，1886—1899年间，经上海转运值占其进口总值的比重平均为88.4%。

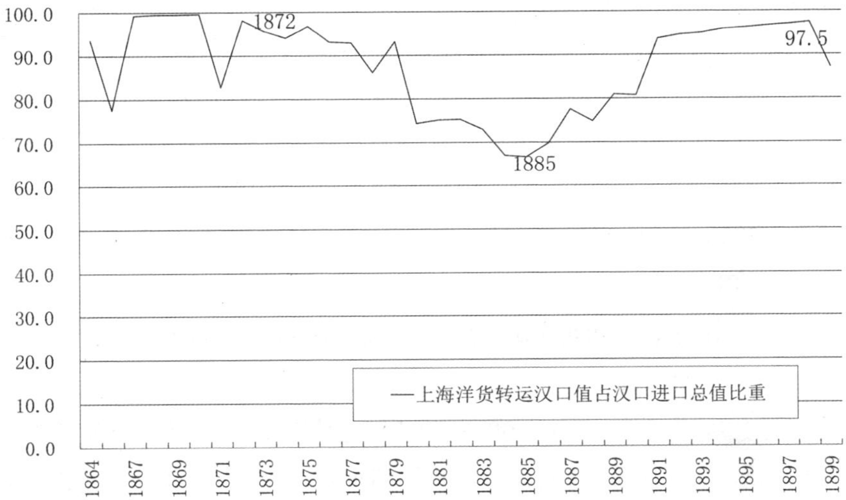

图3-1　上海洋货外贸埠际转运占汉口进口比重图（1864—1899）

数据来源：见附表七“上海与汉口洋货外贸埠际转运表”。

说明：由于双方海关统计必然存在误差，1893、1896、1897年经上海洋货转运值占汉口进口总值比重超过100%，图中按其大致趋势绘制。

故时人评论：“输入外国品于汉口，有二途，其一自外国直输入之，其一经由上海商人而输入之。察从来贸易之势，则直接外国贸易殊不振，其间接外国贸易渐呈盛况，计前年输入外国总额，二千二百七十余万两，而其中二千二百五十余万两，自中国各港输入，而上海居多，此

①《光绪十九年（1893年）汉口华洋贸易情形论略》，《中国旧海关史料》1893年分册，第117页。

无他，上海港益发达，而吸收中国北部中央部及扬子江一带，外国贸易全数也。”[①]

从上海的角度看，1864—1899年间洋货转运汉口值占上海洋货转运国内总值比重年平均为24.9%（见附表七）。对上海来说，汉口确为其洋货转运的重要接收地。汉口连续多年是上海进口原色布的最大消费地。[②]在上海进口标布和斜纹布转运国内口岸中，汉口也均名列前茅，转运汉口的标布占上海国内转运量的近20%。[③]上海进口的毛织品由于价格较贵，只有富裕地区才消费得起，汉口为之提供了最主要销向。[④]上海进口的棉毛制品大量转运往汉口，上海则成为汉口的供应港。[⑤]汉口可将这些经上海转运来的洋货继续销往其连接的华中乃至西南各省腹地，因此汉口“亦算真能辅助上海畅销存货之处”[⑥]。

（二）沪汉洋货外贸埠际转运疏离时期（1900—1930）

在《中国旧海关史料》中，上海与汉口埠际贸易的系统统计自1864年始，至1904年止，其中1900—1903年上海与汉口的洋货外贸埠际转运数据均缺失。因此自1900年开始，拟取汉口进口总值中直接进口比重的发展为指标，从侧面看汉口对上海洋货外贸埠际转运依赖程度的变化。汉口进口总值为直接由国外进口值和由国内口岸进口值之和，而上海为汉口由国内口岸进口洋货的最主要对象，因此，随着汉口直接进口比重的增长，对上海洋货转运依赖程度必然相应下降。故可据此指标探

---

①《湖北商务报》1899年第14册，《视察中国汉口复命书》（上），译《通商汇纂》。

②李必樟编译：《英国驻上海领事贸易报告汇编》，“领事达文波1878年度上海贸易报告”，第465～466页表格。

③李必樟编译：《英国驻上海领事贸易报告汇编》，“副领事阿连壁1879年度上海贸易报告”，第524页。

④李必樟编译：《英国驻上海领事贸易报告汇编》，“副领事阿连壁1879年度上海贸易报告”，第526页。

⑤李必樟编译：《英国驻上海领事贸易报告汇编》，“领事文极司脱关于1866年度上海贸易的商务意见摘要”，第123页。

⑥《光绪三十三年（1907年）通商各口华洋贸易情况总论》，《中国旧海关史料》1907年分册。

讨汉口依赖上海洋货转运的大致变化情况。

表3-1 汉口直接进口比重表(1864—1930)

年份	直接进口值占汉口进口总值比重(%)	直接进口值(海关两)	进口总值(海关两)
1864年	1.9	115057	5949539
1875年	0.0	4183	8463549
1885年	0.2	24008	15620654
1895年	3.6	682191	19154764
1900年	2.9	802168	27215794
1901年	5.9	2141491	36045860
1902年	13.3	5000160	37700621
1904年	23.9	12815690	53591205
1905年	50.7	26411934	52112260
1910年	43.8	18836471	42992520
1920年	60.1	42916391	71462432
1925年	59.5	54015064	90783353
1927年	44.7	18930827	42346655
1929年	44.9	34605474	77153253
1930年	38.1	26642296	69902214

数据来源：根据《中国旧海关史料》历年数据整理。

说明：(1)汉口进口总值=直接由国外进口值+由国内口岸进口值。(2)1864年汉口数据单位为两，未换算为海关两，因不影响比重的计算。

从比重来看，1900年后，汉口直接进口发展较快。1900年，直接进口值占汉口进口总值的比重仅为2.9%，1901年已上升为5.9%，该年《汉口贸易情形论略》中记载道："进口洋货其径行进口者，估值关平银二百十四万一千四百九十一两，去年则八十万二千一百六十八两。其增加之故，以印度棉纱、煤、机器、苏门答腊散舱煤油、火车及铁路物料为大宗。查数年前洋货鲜有径行进口者，今则大增。观本口兴旺之象，将来必蒸蒸日上，即如煤油由苏门答腊用油船散装进口，亦向来贸易册所无者也。"但这并不是汉口直接进口的全部，汉口直接进口中还有相当一部分是由上海转船运输而来的。

长江航道不利于海轮航行，湖广总督官文在奏报他第一次乘外国轮船巡视汉口时，就曾沮丧地写道："天然的地理结构使湖北省成为著名的'泽国'。江、汉确是湖北繁庶之源，然每年夏秋之际，江、汉暴涨，无以控双；而冬春二季，水枯河淤，大船行驶困难。"①实际上，没有海轮可以在低水位的冬季各月里到达汉口，欲运送到汉口的进口商品必须在上海由海轮换成江轮。②

直到1902年，才将这部分改计入汉口直接进口中。因此1902年汉口的直接进口中包括"虽过上海而不入上海关册者，共估值关平银五百万一百六十两，较去年约增三百万两"。加上转船运输的部分是汉口实际直接进口的反映，但即便如此，在1902年，汉口直接进口值也仅占其进口总值的13.3%。由此可推测，此前由于汉口直接对国外贸易能力不足，经上海转船运输的直接进口值在进口总值中所占比重也并不高。1902年的直接进口比重之所以增长，不仅由于上海转船运输部分计入汉口直接进口，确也由于汉口的直接进口有所发展，因此该年关册中

①咸丰八年十一月九日官文奏，见"清宫档案"，转引自［美］罗威廉著，江溶、鲁西奇译：《汉口：一个中国城市的商业和社会（1796—1889）》，中国人民大学出版社2005年版，第106页。

②［美］罗威廉著，江溶、鲁西奇译：《汉口：一个中国城市的商业和社会（1796—1889）》，第106页。

评价道："其中有多种往年入上海复进口货项下者，今改列径行进口项下，故见大增，然进口之货亦实有所增也。"①

此后，汉口直接进口发展更快，1904年已超过20%，其增长可谓迅猛。1905年，直接进口值首次超过由其他口岸进口值在汉口进口总值中的比重，达到50.7%。1900年后汉口直接进口突飞猛进的原因有以下几点：

第一，甲午战争后，中国工商业有所发展，各类工厂与商业公司，一如雨后春笋，外人纷纷来汉口设立分行，中国各行也先后来汉口营业。19世纪70年代到20世纪初，汉口卷烟、制粉、蛋品加工、机械修理等外资企业已达35家左右。②民族资本企业在甲午战争后也有了迅速发展，1911年，汉口已有民族资本近代企业110家左右。③此外，19世纪90年代初到20世纪初，张之洞在湖北创办了一系列规模宏大的现代企业，如湖北织布官局、汉阳铁政局、湖北枪炮厂、湖北纺织官局、湖北缫丝局、湖北制麻局、湖北制革厂、白沙洲造纸厂等等。1905年，京汉铁路通车，更推动了汉口商品流通量的发展。故《光绪三十年（1904年）汉口华洋贸易情形论略》中记载："进口洋货其由外洋径运本口者二十六年以前寥寥无几，不足挂齿。自京汉铁路建筑而后，银币兵工厂及各官局亦日盛一日，加以邻省局厂需用之件，此项贸易由二十七年勃然兴起。"④

第二，马关条约后，汉口上游的沙市及重庆被开辟为通商口岸，长江上游从此对外开放，长江干线成为对外开放走廊，汉口则位居其中，"门户既已洞开，贸易自随之鼎盛"。

---

①《光绪二十八年（1902年）汉口华洋贸易情形论略》，《中国旧海关史料》1902年分册，第160页。

②皮明庥等：《武汉近代（辛亥革命前）经济史料》，武汉地方志编纂办公室1981年版，第11～13页。

③王永年：《论晚清汉口城市的发展和演变》，《江汉论坛》1988年第4期。

④《光绪三十年（1904年）汉口华洋贸易情形论略》，《中国旧海关史料》1904年分册，第201页。

第三，1904年日俄战争后，各国对华贸易取得种种特权，更加紧了对华经济侵略，竞争激烈，"汉口作为内地门户，洋货销售，原料购买，颇为便利，故汉埠对外贸易发展状况，进步甚速"①。

第四，第一次世界大战结束后，各国争向中国开拓商务，购买原料，"于是洋货大批涌进，土货源源流出，超出以往各年记录，大有突飞猛进之势。故汉埠对外贸易发展状况，进步甚速，而且前后两期，大相径庭也"②。

除直接进口外，汉口进口的其余洋货仍几乎全部由上海转运而来。1909年，汉口由上海转运进口值为26006049海关两，几乎等同于汉口由国内通商口岸进口值，占汉口进口总值的60.4%。1910年，汉口直接进口值为1836471海关两，由上海转运值为24156049海关两，由上海转运值完全等于由通商口岸进口值，占汉口进口总值的56.2%。③可见，汉口仍有相当部分的洋货需赖上海转运进口。

尤其当时局不稳或贸易面临较大影响时，汉口仍从上海转运。1916年，由于第一次世界大战的爆发，"虽乡镇存货缺乏，华商因大局不靖，非必需之货，不敢多购。金镑日跌，年中银根甚紧，贸易迟顿。然秋收丰稔，商人安心营业，所有货物多由沪上转购"，主要原因即是"其外洋市面不足恃之险，悉由沪商担任"④。这一点与天津相同，即当遇有风险的年份，进口多依赖上海转运，赖其承担风险。

汉口直接进口比重虽然增长快速，但与全国其他四大口岸上海、大连、天津及广州相比，贸易额仍属最小，甚至不如胶州、安东、哈尔滨等。并且由表3-1可看到，1925年后，汉口直接进口值和直接进口比重

---

①张克明：《汉口历年来进出口贸易之分析》，《汉口商业月刊》1935年第二卷第二期。

②同上。

③《宣统二年（1910年）汉口华洋贸易情形论略》，《中国旧海关史料》1910年分册，第310页，并见该年1910年江汉关统计数据。

④《中华民国五年（1916年）汉口华洋贸易情形论略》，《中国旧海关史料》1916年分册，第546页。

均呈下降趋势，时人对此评价道，汉口直接对外进口虽然一度大为发展，“然终以地非海滨，外国海轮不能直达，渐趋衰替”[①]。

二、沪汉洋货外贸埠际转运主要商品

（一）纺织品

作为上海洋货转运最重要的接收地，汉口在上海进口纺织品的分销中与天津同为两个最大的销处。

原色布是进口棉制品中的最大宗，汉口进口原色布主要由上海转运。如表3-2所示，经上海转运的原色布占汉口进口原色布的比重在58%—72%之间。汉口开埠后不久便成为上海进口原色布的最大销售地，据英国驻沪领事报告记载：“从英国进口原色布中的大部分与从其它国家进口的原色布一样，上海只是它的中转站而已。海关统计表明，去年（1867年）通过各国轮船从上海再出口到长江的主要口岸汉口和这类商品在北方的商业中心天津等其它中国口岸的货值达到了800万两以上。”[②]

表3-2　经上海转运原色布占汉口进口原色布比重表（1875—1880）

	1875年	1876年	1877年	1878年	1879年	1880年
上海进口原色布转运汉口数（匹）	1106000	1299300	1069000	891000	1459506	1472759
汉口进口总数（匹）	1827062	2212417	1666160	1344852	2044345	2534237

①张克明：《汉口历年来进出口贸易之分析》，《汉口商业月刊》1935年第二卷第二期。

②李必樟编译：《英国驻上海领事贸易报告汇编》，“领事麦华陀1868年度上海港贸易报告”，第166页。

续表

	1875年	1876年	1877年	1878年	1879年	1880年
占汉口进口比重（%）	60.5	58.7	64.2	66.3	71.4	58.1
上海转运国内总数（匹）	3957800	4007700	3451990	3232080	5202372	4625276
占上海转运比重（%）	27.9	32.4	31.0	27.6	28.1	31.8

数据来源：李必樟编译：《英国驻上海领事贸易报告汇编》，“领事达文波1878年度上海贸易报告”第465～466页、“领事许士1880年度上海贸易报告”第569页。

在上海进口的其他品种棉布的分销中，汉口的地位仅次于天津。在上海进口白色布的分销上，汉口仅次于天津。1879年，上海进口白色布转运天津439567匹，转运汉口260244匹，上海自身消费仅为58660匹，相较之下，其他各口岸所购数量无足轻重。在上海标布的转运上，汉口也仅次于天津。1878年，上海进口标布转运天津378726匹，转运汉口334013匹。①

汉口进口棉纱自19世纪末开始增多，多由上海转运进口。1890年，汉口由国内口岸转运进口的英国棉纱和印度棉纱均明显见增，1895年由国内口岸转运进口的棉纱增长尤为明显，“较诸往年陡涨一倍之夥”，其中多由上海转运进口。②除英国棉纱、印度棉纱外，甲午战争后，日本棉纱的进口也开始不断增长。1896年，汉口由通商口岸转运进口的日本棉纱值只有7.17万余海关两，到1897年已增至133.4万余海关两，其中主

①李必樟编译：《英国驻上海领事贸易报告汇编》，“副领事阿连壁1879年度上海贸易报告”，第523、524页。

②《光绪二十一年（1895年）汉口华洋贸易情形论略》，《中国旧海关史料》1895年分册，第127页。

要由上海转运而来。①

汉口是上海进口毛织品最主要的分销地。外国毛织品在中国属于奢侈品，因此其消费数可看作衡量该地区繁荣情况的合理标准之一。如表3-3显示，汉口在上海进口毛织品的转运中远远超过天津、牛庄等口岸的分销量，显示了汉口广阔腹地的消费能力。正如英国驻沪领事贸易报告中所说："尽管汉口的气温比天津和牛庄的气温高好几度，但由于湖北、湖南和四川等被称为中国的花园的富饶茶区靠汉口供应商品，因此它比天津或牛庄的毛织品消费量要大得多。"②

表3-3　1879年上海进口毛织品转运各口岸表

单位：匹

品种	上海进口毛织品总数	汉口	天津	牛庄
小呢	49023	14345	6689	650
羽纱	110477	58316	8310	3760
哔吱	119948	72200	2660	1464
羽绫	67631	33380	11273	8580
织花骆驼绒	179830	56086	33015	9969
哆口罗呢和衣着呢	41033	20946	671	1377

数据来源：李必樟编译：《英国驻上海领事贸易报告汇编》，"副领事阿连壁1879年度上海贸易报告"，第526～527页。

①《光绪二十三年（1897年）汉口华洋贸易情形论略》，《中国旧海关史料》1897年分册，第137页。

②李必樟编译：《英国驻上海领事贸易报告汇编》，"副领事阿连壁1879年度上海贸易报告"，第526页。

汉口与天津两大口岸共同构成了上海进口纺织品的主要转运市场，而其销售品种各有不同，“原色布的最大消费地是汉口，其次是天津，但它买去的标布、粗斜纹布和粗布的数量却多于汉口。可是毛织品的最大消费地不是北方的天津港而是冬天不那么寒冷的汉口附近地区；在天津港，毛皮比毛织品更为重要”[①]。对于汉口和北方口岸在分销上海进口商品上的不同，时人有评价：“长江一带之地，气候温和，地味膏腴，各种产物甚多，输出中国之货物，年增加其数，至北清诸港，土地瘠薄，气候寒冷，物产寡少，输出货物不多品，且即输入品考之，北清内地，其生计程度低，购买力寡，比长江一带人民富裕，远逊其购买力者，亦宜然也。”[②]

汉口作为上海进口纺织品的重要分销地，其进口市场稍有变动，便会连带影响上海的进口市场的供销。19世纪80年代初，由于汉口棉毛织品连续几年进口过多，滞留了大量库存，进口需求减少，便造成上海的棉毛制品生意和进口均受到阻碍，上海的进口商“不得不忍受低价和重大的损失”。[③]1866年，由于汉口方面对哔叽的需求大大低于人们的预期，“以致有些持货者未能将货及时出售换取现款”[④]。

(二)鸦片

如表3-4所示，汉口在上海进口鸦片的转运分销中并不居于主要地位，尽管汉口的进口鸦片主要是由上海供应的。[⑤]

---

①李必樟编译:《英国驻上海领事贸易报告汇编》,“领事许士1881年度上海贸易报告”,第603页。

②《湖北商务报》1899年第14册,《视察中国汉口复命书》(上),译《通商汇纂》。

③李必樟编译:《英国驻上海领事贸易报告汇编》,“领事许士1882年度上海贸易报告”,第638页。

④李必樟编译:《英国驻上海领事贸易报告汇编》,“领事文极司脱关于1866年度上海贸易的商务意见摘要”,第145页。

⑤李必樟编译:《英国驻上海领事贸易报告汇编》,“领事许士1880年度上海贸易报告”,第567页。

表3-4 1872、1874、1880年上海进口鸦片转运各口岸表

单位：担

口岸	1872年	1874年	1880年
镇江	8718	11055	10499
九江	2035	2559	2417
汉口	2526	2835	2957
芜湖	—	—	3299
烟台	4070	4399	2442
天津	4680	5374	3652
牛庄	1977	1452	1174
宁波	4768	2971	6763
温州	—	—	55
福州、厦门、广州	—	—	268

数据来源：1872、1874年数据摘自李必樟编译:《英国驻上海领事贸易报告汇编》，第330页，1880年数据摘自第516页。

汉口临近土产鸦片的主要种植区，国内土产鸦片种植日广，并且拥有比进口鸦片更有竞争力的税收优势，排挤了汉口的进口鸦片。19世纪末，汉口海关所收洋药税厘日见减少，“推原其故，或因土药渐多，内地足可敷用，或洋药除有税之凭单，仍恐内地尚欲抽税，故而难抵土药之易销”[①]。华中土烟产地以四川为最，贵州、陕西、河南等处次之，湖

①《光绪十五年（1889年）汉口华洋贸易情形论略》,《中国旧海关史料》1889年分册，第112页。

北、施南、鹤岭州最次。在价格上云贵土烟稍贵，每百两值银二十两，川陕、河南等地土烟每百两值银十多两。与进口鸦片相比，土产鸦片价格便宜，味道亦可，因此食进口鸦片的烟客多改食云贵土烟，食云贵土烟的烟客多改食川陕等处土烟，“价极便宜，货亦平妥，食者日众，则销路愈开，其洋药之滞行有断然者”①。

汉口经上海转运的进口鸦片日见减少，不但影响到上海进口鸦片的数量，还导致上海进口鸦片价格降低。1867年，英国驻沪领事文极司脱对上海的鸦片市场记述如下：“这项贵重商品的进口严重下降了，1868年它的进口值估计仅1853.7万两，而前一年却有2230.4万两。尽管供货已减少到这样的程度，其价格也同样地大大下降了。原因是多方面的，但使市场未能保持较好价格的主要障碍是云南和四川两省种植罂粟的面积大为扩大。目前经常有一定数量的这种中国生产的鸦片从汉口运到上海，在这里它每担卖250两到300两，如果不是更低的话，就能使生产者获利，因为它只要缴纳印度产品所纳的一半税收，而且到目前为止，它完全不用缴纳进口鸦片每担要纳45两之多的厘金税。”②

由于邻近土产鸦片产地，汉口逐渐承担起向上海中转土烟的角色。云土、川土由汉口转运上海的日见增多。③1871年，由汉口运往上海的四川鸦片只有11.58担，到1881年已增至2402担；④1901年，汉口由宜昌

①《光绪十六年（1890年）汉口华洋贸易情形论略》，《中国旧海关史料》1890年分册，第120页。

②李必樟编译：《英国驻上海领事贸易报告汇编》，“领事麦华陀1868年度上海港贸易报告”，第168页。

③《光绪二十一年（1895年）汉口华洋贸易情形论略》，《中国旧海关史料》1895年分册，第128页。

④李必樟编译：《英国驻上海领事贸易报告汇编》，“领事许士1882年度上海贸易报告”，第635页。

进口土烟转运上海等处的已有16966担[①]。20世纪初，随着清政府的禁烟措施，汉口的土烟进口也减少了，到1910—1914年间，汉口进口土烟减少了96%，清末民初的禁烟运动取得了积极的效果。[②]到1915年，汉口关册中已无任何鸦片进口。

汉口与上海间的鸦片往来，由上海向汉口转运进口鸦片的外贸转运，变为汉口向上海传送土产鸦片的内贸转运，直至鸦片全面禁销，从各口岸海关贸易册中彻底消失，体现了鸦片这一特殊商品在中国对外贸易中的发展历程。

第二节　上海与汉口的土货外贸埠际转运

"汉口不特为楚省咽喉，而云贵、四川、湖南、广西、陕西、河南、江西之货，皆于此焉转输。"[③]聚集在汉口的土货大量运往上海转运出口，二者形成了密切的土货外贸埠际转运关系。

一、沪汉土货外贸埠际转运变迁

（一）1864—1899年间沪汉土货外贸埠际转运

由于历史时期海关统计体制所限，汉口经上海转运出口值并无明确统计，而1864—1899年间汉口运往上海的土货中绝大部分是经上海转运出口的，因此拟取汉口土货运往上海值，反映汉口经上海土货外贸转运的大致变化趋势。

①《光绪二十七年（1901年）汉口华洋贸易情形论略》，《中国旧海关史料》1901年分册，第158页。

②苏智良、赵长青主编：《禁毒全书》，中国民主法制出版社1998年版，第232页。

③刘献庭：《广阳杂记》卷四。

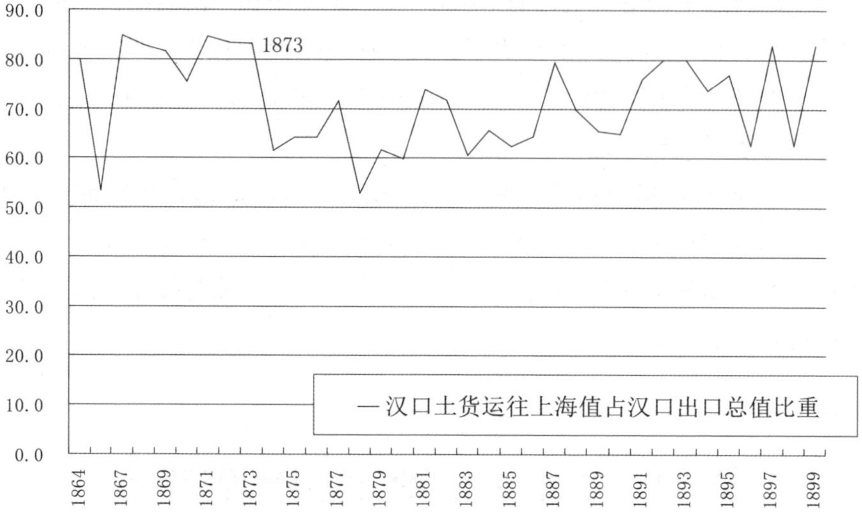

图3-2　汉口土货运上海值占汉口土货出口总值比重图（1864—1899）

数据来源：见附表八“上海与汉口土货外贸埠际转运表”。
说明：1893、1896、1897年超过100%，按其大致趋势绘制。

图3-2显示的，是汉口土货运往上海值占汉口出口总值的比重，可大致划分为两个时期：

1864—1873年：如图所示，在汉口开埠的最初十年间，土货运往上海值占其土货出口总值比重很高，年平均为78.8%，最高达到84.8%，是二者关系最为密切的一段时间。但1868年前出现了一个显著下跌的过程，这是汉口试行直接出口造成的。汉口开埠之初，外国商人对于这个新开的大港口非常重视，认为终于可以由此深入中国内地。因此，汉口开埠不久，上海方面即努力把所有直接运去英国的货物改在汉口装船，出现了一股投资的热潮。[①]在汉口从事茶叶贸易的商

①李必樟编译：《英国驻上海领事贸易报告汇编》，“领事文极司脱关于1866年度上海贸易的商务意见摘要”，第135页。

行数几乎增加了两倍，而茶叶总数并未变，因而茶叶价格一年内便几乎上涨了50%，接着便发生了亏损。经过几年的贸易证实，英国商人不得不承认“此间的商人和英国的消费者双方坚定追求的所谓愈接近产地，产品就愈便宜的想法，头一年似曾部分实现，但接下来的痛苦经验却表明了，至少是在中国，我们向内地推进是徒劳无益的”①。在汉口的茶叶直接出口贸易上，商人们都蒙受了损失，因此洋商认为“看来由于其汉口分行在业务经营上蒙受损失，中国的大商行正在被引回到上海这个更为有利可图的市场来。同样的做法对我们的商行也适用”。自1867年才开始出现了比较谨慎的风气，1868年进入了较好的年景。运往上海的土货重新回升，此后汉口出口土货依旧多数运往上海转运出口。②

1874—1899年：1874年后，汉口运往上海土货值占其土货出口总值的比重很少再超过80%，基本在70%左右。1893年，虽然有直接运往外洋的，但是其数甚微。“大宗土货运往外洋者，必先由沪过船，或由沪再报原货出口运往外洋。”③这类土货，均载汉口“原出口之货”项下，其中棉花、豆饼、铁器、桐油、烟叶、纸伞、核桃，出口均比以前多，载在该项下的还有牛皮、角棓等。④汉口各项出口商品均以经上海转运出口为主，“正像茶叶一样，汉口向海外直接出口的商品始终是少量的”⑤。

---

①李必樟编译：《英国驻上海领事贸易报告汇编》，“领事文极司脱关于1867年度上海贸易的商务意见摘要”，第153页。

②李必樟编译：《英国驻上海领事贸易报告汇编》，“领事文极司脱关于1867年度上海贸易的商务意见摘要”，第154～155页。

③《光绪十九年（1893年）汉口华洋贸易情形论略》，《中国旧海关史料》1893年分册，第119页。

④同上。

⑤罗兹·墨菲：《上海——现代中国的钥匙》，第131页。

（二）1900—1930年间沪汉土货外贸埠际转运

表3-5　汉口直接出口比重表（1864—1930）

年份	直接出口值占汉口出口总值比重（%）	直接出口值（海关两）	汉口出口总值（海关两）
1864年	9.6	1394952	14511015
1870年	13.2	1954749	14780433
1880年	24.7	5099638	20649571
1885年	22.9	4066512	17726560
1890年	15.4	2977954	19384568
1900年	14.9	4792607	32106961
1910年	17.8	14751266	83081749
1920年	11.9	10475237	88208239
1925年	12.9	19963259	155086783
1927年	6.9	8734728	127190262
1930年	11.2	12625024	112990312

数据来源：根据《中国旧海关史料》历年数据整理。

数据说明：（1）汉口出口总值=直接出口国外值+出口国内口岸值。（2）1864年汉口数据单位为两，未换算为海关两，因不影响比重的计算。

与洋货直接进口的显著发展不同，汉口的土货直接出口在出口总值中的比重增长并不明显。

汉口早期的直接出口以茶叶为主，1903年直接出口值为4615698海关两，其中茶为4443728海关两。1904年后，日本开办对汉口的直接航运，此后汉口对日直接出口也有所增长。1905年，汉口直接出口轮船共87艘，其中日本占了63艘。[①]1922年，汉口直接开往外洋的船只中183艘直接往日本，82艘直接往欧美。对日直接出口的主要是棉花、生铁铁矿、杂货等。[②]1920年，有161艘船载货直接运往日本。其中41艘载生铁、白铅、锰矿砂，27艘载杂货，93艘则在石灰窑装铁矿砂。[③]汉口对欧洲的直接出口也有所发展，1904年有9艘轮船装茶叶开往欧洲。1905年有33艘开往欧洲，装运铁矿。[④]1912年直接出口以豆、芝麻往英国和欧洲为多。[⑤]

1900—1930年间，汉口的直接出口值由1900年的4792607海关两增长到1930年的12625024海关两，最高在1925年达到19963259海关两，比1900年增长了三倍。但是汉口直接出口值在出口总值中的比重却不见明显的增长，1900—1930年间，这一比重年平均值仅为12.5%。汉口大多数出口商品仍以依赖上海转运为主，“石膏、牛皮、药材、纸、芝麻、皮货、皮油、烟叶、杉木（出口）均大增，此等货到上海后，终售赴外洋兹”[⑥]。时人对此评价道：“如就输出贸易之运往地点观之，则汉口土货之输出，以运往通商口岸者占其大数，其直接运往外洋及香港者，为数不多……因汉埠之对外贸易，须借经于上海，运往通商口岸之土货，当以运往上海者为多，到沪之后，其中必有若干，由沪埠转运出洋

①《光绪三十一年（1905年）汉口华洋贸易情形论略》，《中国旧海关史料》1905年分册，第255页。

②《中华民国十一年（1922年）汉口华洋贸易情形论略》，《中华民国海关华洋贸易总册》1922年分册，第203页。

③《中华民国九年（1920年）汉口华洋贸易情形论略》，《中华民国海关华洋贸易总册》1920年分册，第24页。

④《光绪三十一年（1905年）汉口华洋贸易情形论略》，《中国旧海关史料》1905年分册，第255页。

⑤《中华民国元年（1912年）汉口华洋贸易情形论略》，《中国旧海关史料》1912年分册，第290页。

⑥《光绪二十七年（1901年）汉口华洋贸易情形论略》，《中国旧海关史料》1901年分册，第156页。

也。”①

20世纪20年代末，出现了许多对汉口出口贸易不利的因素。1929年以后，长江上游的宜昌、重庆与上海之间的直航汽船次第发达，原本由重庆、宜昌、沙市、长沙及岳州等地聚集汉口的一部分出口商品开始转为直运上海出口。1929年初，武汉国民政府又采取军事行动，致使平汉路交通断绝，使汉口与北方省份贸易往来的交通中断。“平汉交通既行断绝，襄河民运，亦告停顿，豫陕甘三省素仰由本埠所供给之进口货，既无法运入，经由本埠出口之大宗货物，如生牛皮、山羊皮及芝麻、药材料等项，又未能输运来汉。”②这些因素导致许多原本集中到汉口运往上海的大宗出口土货，转由各处直接运往上海。如桐油，由于1929年汉口征收桐油特税，导致大量桐油直接由上游各口运往上海。虽然这种特税不久即被撤销，但桐油仍由上游直接运往上海销售。③皮类也大多由其来源地改道装运上海，“内地产皮多直接运沪，致汉市皮业，每况愈下”④。因此20世纪20年代末，汉口土货出口总值与土货直接出口值均呈现下降趋势。

二、沪汉土货外贸埠际转运主要商品

（一）茶叶

汉口是我国最大的茶叶集散市场，自1861年辟为通商口岸后，汉口的对外贸易即以茶叶为第一位，其出口多由上海转运。

随着汉口开埠，大批外国茶商涌入，但很快，汉口茶叶的直接出口

---

①《银行杂志》1926年第四卷第十七号。

②《中华民国十八年（1929年）汉口华洋贸易情形论略》，《中华民国海关华洋贸易总册》1929年分册，第9页。

③《中华民国十八年（1929年）汉口华洋贸易情形论略》，《中华民国海关华洋贸易总册》1929年分册，第14页。

④实业部国际贸易局：《武汉之工商业》，1932年，引自曾兆祥主编：《湖北近代经济贸易史选辑》第二辑，第299～300页。

贸易就遭到了失败。1866年后，外国洋行纷纷关闭他们在沿江口岸的分号，撤回上海。[①]但是接下来的两件事情，使汉口的茶叶直接出口又得到了新的发展。

第一件事是1870年苏伊士运河的开通。这使得海运获得巨大优势，那些正巧在茶叶开市时到达的轮船往往继续开往汉口，购买茶叶作为回程货物，而且轮船能够在长江的急流中上驶，这就免去了在上海换船，因而越来越受欢迎。[②]该年的英国驻沪领事贸易报告中即预言："以前中国的茶商多少都有将其产品运到上海这个大市场的习惯，但有鉴于上述的直接贸易，再加上以货易货运输的迫切需要，今后运来上海的将只限于低级茶了。"[③]

第二件事是俄国把从陆路进口茶叶改为从海路进口。这导致设在恰克图的俄国商行迁移到了汉口。"要是没有发生这件事，长江的一些茶叶口岸就会逐渐退化成为轮船的转运站和装卸货物的地点，中国茶商也就只好把他们的茶叶用船运到下游的上海来。"[④]

集中在汉口直接出口的茶叶多为每个茶季开始的头茶。长江沿江的俄国商行出高价以使茶叶不流往上海，使得红茶每担市价达到50—60两的空前高价，"这就迫使希望获得第一批收成中高级茶叶的英国发货人都去汉口参与第一批的选择，更不用说一批轮船早已去那里装货的事实"[⑤]。因此，形成了头茶多在汉口直接交易，而其余茶叶运往上海的形势。这使得上海的茶市开市往往晚于汉口。1876年，汉口在5月中旬开市，上海则在6月1日；1877年，汉口第一艘轮船离开是5月24日，上

①详见本章第一节。

② Trade Reports，1876，中国，pp.33–35，引自聂宝璋：《中国近代航运史资料》第一辑上册，上海人民出版社1983年版，第643页。

③李必樟编译：《英国驻上海领事贸易报告汇编》，"领事马安关于12月31日为止的1870年度上海港贸易报告"，第231页。

④李必樟编译：《英国驻上海领事贸易报告汇编》，"领事麦华陀1875年度上海贸易报告"，第374页。

⑤同上。

海第一批购运则是在6月11日；1879年，汉口红茶市场5月19日开市，上海则是在6月11日开市。[①]原因就是“第一批和大多是最精选的茶叶从汉口直接发运后，才有稳定的供货开始涌进上海市场。新茶季的茶叶总是先在汉口提前出售”。因为“如果茶叶的销售无利可图，中国商人总是可以转而依靠上海，反之，如果他把茶叶直接运来上海，则除了不管什么价钱都予出售外，就别无选择了”。[②]

除第一批最抢手的茶叶从汉口直接出口外，其他茶叶仍运来上海转运出口。19世纪末和20世纪初，中国茶叶出口仍属兴盛，这一时期从汉口直接出口的茶叶总额，约等于转船运到上海出口总额的25%。可见汉口茶叶出口以经上海转运为多。[③]

中国茶叶的出口主要以英美为主，随着国际市场中爪哇茶、锡兰茶、印度茶加入竞争，中国茶叶在英美市场每况愈下。清末民初时，俄国成为中国茶叶的最大销场。[④]汉口茶叶出口俄国有三条途径：其一，由汉口运往天津，再由陆路经恰克图运至西伯利亚；其二，由上海运至海参崴；其三，除了这两条装船运送的路线外，还有大量的茶叶和砖茶直接从汉口由陆路发往俄国。[⑤]在对俄出口上，天津和汉口更具备区位优势，上海则一向以对欧美转运为主，对俄贸易只占十分次要的地位。[⑥]

---

①李必樟编译：《英国驻上海领事贸易报告汇编》，“1876、1877、1879年度贸易报告”。

②李必樟编译：《英国驻上海领事贸易报告汇编》，“领事许士1880年度上海贸易报告”，第581页。

③朱祖晦：《华中茶叶贸易》（1936年）；英国外交部编：《驻沪领事商务报告》（1863年—1865年）。

④汪敬虞主编：《中国近代经济史（1895—1927）》上册，第190页。

⑤Trade Reports，1876年，Part I，第64页，引自曾兆祥主编：《湖北近代经济贸易史选辑》第一辑，第10页。

⑥上海社会科学院经济研究所、上海市国际贸易学会学术委员会编：《上海对外贸易》，第32页。

表3-6　1908、1909汉口砖茶出口路线表

单位：担

	年份					
	1908年			1909年		
茶叶种类	俄国	上海	天津	俄国	上海	天津
红砖茶	139208	130258	6845	156475	102257	10680
绿砖茶	33854	38152	189857	32767	42706	201060
京砖茶	1992	2441	—	4546	3443	—
帽子茶	—	—	10830	—	22	11731
合计	175054	170851	207532	193788	148428	223471

数据来源：《我国茶叶之产制运销及振兴策》，《汉口商业月刊》1935年第二卷第十二期。

（二）牛皮

汉口是全国最大的牛皮集散地之一。河南、四川、湖南、湖北、陕西、甘肃、江西、贵州、山西等省出产的牛皮，大多运往汉口，因此有评“汉口为吾国牛皮最大之集散场”①。

汉口牛皮运往上海出口，自19世纪70年代开始。在1875年以前，四川、河南、湖北、山西以及内地其他各省的牛皮主要还是通过内河运到广州，在那里与海峡的锡和其他产品做易货贸易，然后大多由平底帆船运往新加坡，那里有向欧洲出口牛皮的固定市场。但由于此后一段时间的持续干旱，这些内地水道都已干涸，只有去汉口再到上海的航道能够通行，因此促进了汉口牛皮运往上海的发展，“它们在上

①《汉口牛皮贸易状况》，《工商半月刊》1930年第2卷第8号。

海找到有利的市场后，这项贸易已得到了永久的立足点”[①]。上海的牛皮出口也是在19世纪70年代开始才略具规模，美国对中国牛皮的需求很大，而且这种需求不断增加，由于中国牛皮的清洁和药物处理的方法有了改进，运到欧洲和美国的牛皮质量都是第一流的，因而更受欢迎。[②]还有西藏的牦牛皮，顺长江而下到达汉口，再从那里运到上海。而上海则将制剂寄去产地，以在兽皮运出前进行粗加工处理，从而避免运送途中发生腐烂。[③]大量牛皮通过上海转运至欧洲、美国，供制皮革之需。[④]据汉口海关报告记载，汉口黄牛皮和水牛皮的质量一般比上海市场上的好，牛皮商人习惯将在汉口被洋行拒收的次品牛皮运往上海出售。[⑤]

20世纪20年代，受各种因素影响，汉口牛皮出口开始衰落，大量牛皮改道上海，主要原因一是武汉政府时期曾集中现金，实行封锁，各出产地的牛羊皮商难以换得现金，于是大多改道装运上海。后来虽已弛禁，但已形成贸易习惯，要改回原来的方式很难了。[⑥]二是1929年平汉铁路及襄河流域交通阻断，严重影响汉口皮类出口。河南省的皮产以往多由汉口运送，不得已改为“多半直运上海销售，已不如往日运经本埠出口者之多”[⑦]。

---

①李必樟编译：《英国驻上海领事贸易报告汇编》，“领事达文波1876年度上海贸易报告”，第419页。

②李必樟编译：《英国驻上海领事贸易报告汇编》，“副领事阿连壁1879年度上海贸易报告”，第544页。

③李必樟编译：《英国驻上海领事贸易报告汇编》，“代理总领事阿查立1885年度上海贸易报告”，第698页。

④《光绪二十八年（1902年）汉口华洋贸易情形论略》，《中国旧海关史料》1902年分册。

⑤同上。

⑥实业部国际贸易局：《武汉之工商业》，1932年，引自曾兆祥主编：《湖北近代经济贸易史选辑》第二辑，第299～300页。

⑦《中华民国十八年（1929年）汉口华洋贸易情形论略》，《中华民国海关华洋贸易总册》1929年分册，第14页。

（三）桐油

桐油主要产自长江上游各省，为油漆工业的重要原料。汉口接近我国桐油产区中心，水陆交通又非常便利，因而川、湘、鄂、陕、黔、赣等省所产桐油，多运送集中至汉口，使汉口长期以来成为桐油的最大集散地。[①]民国时期，汉口桐油出口量在全国桐油出口总量中最高占比达80%左右。[②]

1864—1909年，汉口桐油交易绝大部分为国内贸易，出口比例很低。自国外市场发现桐油可作油漆后，外商始于汉口设行收买，民国后始大盛。[③]汉口桐油直接输出到国外自1900年开始有明确记载，但在1910年前直接出口比重很低，一般在5%以下。1910年，汉口桐油直接出口值首次超过100万两，此后直接出口比重逐渐增高，但也仅在10%—15%之间，其中大部分是通过上海转运的。[④]

桐油可作防腐防水之用，比常用的麻仁油效果更好。第一次世界大战前后，由于扩军备战，欧美各国对其需求大增，桐油逐渐发展成为大宗出口货物。1913年，桐油出口值为375万海关两，至1927年已达2197万海关两，三分之二以上运往美国。[⑤]

20世纪30年代，汉口桐油出口中心的地位被上海取代，主要原因有以下几点：第一，川沪航线日益发达，四川万县、重庆的桐油直接运到上海，不再运往汉口；第二，浙油运输便利，利益优厚，汉口桐油被压倒；第三，洋商改原来的在汉口成交为亲至产油区采办桐油，当地换

①严匡国：《桐油》，1944年，第100页，引自曾兆祥主编：《湖北近代经济贸易史选辑》第二辑，第212页。

②张珊珊：《汉口桐油贸易概述（1864～1936）》，复旦大学历史地理研究中心主编：《港口—腹地和中国现代化进程》，第184页。

③吕平登：《四川农村经济》，第296页，引自李文治：《中国近代农业史资料》第二辑，第208页。

④张珊珊：《汉口桐油贸易概述（1864～1936）》，复旦大学历史地理研究中心主编：《港口—腹地和中国现代化进程》，第186页。

⑤武堉干：《中国国际贸易概论》，《民国丛书》第四编第31本，第132～135页。

桶，装运上海转轮出洋，以降低成本；第四，1929年1月间，汉口当局对桐油征特税，每担桐油收洋二元，导致长江上游各埠产油区，更多地将大宗桐油直接运往上海出口，不再集中至汉口。虽然这种特税不久即被撤销，但上海市面情形颇鼓励油商供给，因此桐油仍由上游直接运往上海销售。再加上汉口的桐油原本就有不少经上海转运出口，因此至1933年，上海已取代汉口占据了全国桐油出口的首位。①

（四）蛋及蛋制品

全国蛋及蛋制品出口的兴起始自1902年，一战爆发后渐增，20世纪20年代达到高峰期，1921年已占出口品第6位，1930年更上升至第3位。②汉口是长江上游各地蛋及蛋制品的中心集散地，特别是1906年平汉线全通时期，湖北省北部和湖南省的蛋及蛋制品多数在汉口集中。加工制造的成品即经由汉口经长江向海外输出。③

早自1885年，由于两地之间有很大差价，汉口蛋商即开始运销上海。当时上海与汉口之间轮船畅通，轮船员工"带小货"之风兴起，上海逐渐形成大的消费市场，上海蛋商也随之形成。1885—1925年间，即为"运销时期"。④

第一次世界大战前，远洋轮船一般只停靠于上海，长江各口出口的蛋制品大都要运到上海转运出口，因此上海成为中国蛋制品出口的最大口岸。1902年，全国蛋制品出口2.37万担，99%以上都是从上海转运出口的，而其中从汉口运上海的就占60%以上。随着远洋轮船公司在华航

①朱美予编：《中国桐油业》，1939年，第72、123页，引自曾兆祥主编：《湖北近代经济贸易史选辑》第二辑，第213页；李昌隆：《中国桐油贸易概论》，1935年，128~134页，引自曾兆祥主编：《湖北近代经济贸易史选辑》第二辑，第194页。

②陈真编：《中国近代工业史资料》第四辑，生活·读书·新知三联书店1961年版，第472~473页。

③陈真编：《中国近代工业史资料》第四辑，第474~475页。

④吴子净：《武汉蛋业沿革与业务经验》，引自曾兆祥主编：《湖北近代经济贸易史料选辑》第一辑，第229页。

线的增辟以及冷藏船的增多，汉口蛋制品直接装船出口的规模扩大。[①]但由于汉口直接对外航运的限制，蛋制品的直接出口仍受阻碍，“冻蛋品一业，差能保持，惟物以罕而见珍，争相购取，其价渐售渐高。虽货之佳者未尝忽视，而四邻多乱，来源不稳，且装载此种质易坏之物，又万难迟延，故虽前途良有希望，然因上文所述海轮不能常年直接装卸等种种困难，即其发展上不免受挫也”[②]。因此汉口蛋及蛋制品仍以转运上海为主，上海仍是蛋制品出口的最大口岸。

武汉蛋业在运销时期前期（清末）以经营鸭蛋为主，鸡蛋相对滞销；运销时期后期（1921年前后）鸡蛋业务才开始复苏。上海蛋行经营对菲律宾小吕宋的鸡蛋出口生意，在汉口采购大量鸡蛋。1921年，上海茂昌公司、培林蛋厂向武汉采购鸡蛋，武汉蛋商为了集中力量，由18家蛋行组成慎余公司，将分散的货源集中起来，以联销的形式供应上海所需，可见上海需求之大。这使得局限在鸭蛋单一业务上的武汉蛋商开始逐渐经营鸡蛋，武汉的鸭蛋老行变为鸡鸭蛋行。可见上海对武汉蛋业的影响之大。[③]

（五）油脂油料

湖北及其邻近省份生产花生、芝麻、棉籽等油料，可制成芝麻油、花生油、菜籽油等，这些油脂油料也成为沪汉间土货外贸埠际转运的主要商品。

花生：汉口花生出口，在一战前分有壳花生和花生仁两种。但有壳花生运输不便，船价较高，因此一战后即以花生仁为大宗。

---

①上海社会科学院经济研究所、上海市国际贸易学会学术委员会编：《近代上海对外贸易》上册，第292页。

②《中华民国十一年（1922年）汉口华洋贸易情形论略》，《中华民国海关华洋贸易总册》1922年分册，第33页。

③吴子净：《武汉蛋业沿革与业务经验》，引自曾兆祥主编：《湖北近代经济贸易史选辑》第一辑，第229页。

表3-7 1915—1919年汉口运上海花生（仁）比重表

单位：担

商品		1915年	1916年	1917年	1918年	1919年
花生	运往上海	774	81381	1027	6732	1484
	汉口出口总数	2009	168622	3355	15627	3266
	百分比（%）	38.5	48.3	30.6	43.1	45.4
花生仁	运往上海	242757	486	1426	2328	1095
	汉口出口总数	294121	9859	1753	10656	1603
	百分比（%）	82.5	4.9	81.3	21.8	68.3

数据来源：《汉口花生贸易概况》，《工商半月刊》1931年第3卷第9号。

汉口出口的花生及花生仁占其出口总值比重很高。如表3-7所示，1915—1919年间，运往上海的花生占汉口出口花生总数年平均41.2%，花生仁占51.8%，可见汉口出口花生和花生仁多依赖上海转运。汉口的花生仁主要来自山东、河南。20世纪20年代后，随着汉口贸易的衰落，山东、河南的花生仁多由转运公司直接运往上海。[①]

棉籽：汉口集散的棉籽多来自湖北、湖南两地。如表3-8所示，1915—1919年间，运往上海的棉籽占汉口棉籽出口数年平均23.1%。棉籽主要出口日本。

①《汉口之落花生》，《银行杂志》1925年第二卷第六号。

表3-8 1915—1919年汉口运上海棉籽比重表

单位：担

	1915年	1916年	1917年	1918年	1919年
运往上海	14218	302532	32883	342074	255213
汉口出口总数	198258	842978	428271	1007187	830997
百分比（%）	7.2	35.9	7.7	34.0	30.7

数据来源：《工商半月刊》1931年第3卷第5号，《汉口棉籽及棉籽饼之贸易概况》。

芝麻：我国所产芝麻，以汉口、镇江、上海三港为集散地。凡河南、四川、湖北、湖南以及其他华北各省之产物，以汉口为集中地点。而江苏、安徽及其他长江流域各省的芝麻，则以镇江及上海为集中地。①集聚汉口的芝麻中，黄芝麻和白芝麻出口国外，黑芝麻则完全销售内地油坊及上海、宁波、潮州、广州等地。②

1893年，汉口出口芝麻26789担；1894年，芝麻出口量开始增加，达到141469担，其中绝大部分经上海转运往法国、意大利，两国都采用现代化榨油设备，比较中国原始土法，榨油更多。③由于美国需求很大，1912年芝麻已列入汉口的大宗出口商品，仅次于茶叶。④至1918年，汉口芝麻出口骤减50%，腹地改由上海出口，“推原其故，似以运费较省之故也，改运北方及由浦口赴沪，且因内地人民用价廉之麻油代煤油者

---

①《经济丛报》，民国二十八年（1929年），第749～750页，引自曾兆祥主编：《湖北近代经济贸易史选辑》第四辑，第210页。

②《汉口芝麻贸易》，《贸易》第64期，1935年12月，引自曾兆祥主编：《湖北近代经济贸易史选辑》第四辑，第195页。

③《光绪二十年（1894年）汉口华洋贸易情形论略》，《中国旧海关史料》1894年分册。

④《中华民国元年（1912年）汉口华洋贸易情形论略》，《中国旧海关史料》1912年分册。

也日多也”[①]。

（六）猪鬃

19世纪80年代，猪鬃作为出口商品逐渐发展起来。汉口是仅次于天津的第二大猪鬃集散市场。[②]当时云南、贵州、四川、河南、江西、安徽、湖南、湖北等省所产猪鬃多运至汉口，其中以四川最多，湖南、湖北次之。[③]上海是当时全国猪鬃出口的最大口岸，主要承担猪鬃转运出口的功能。各产地集中到汉口的猪鬃，大量运往上海转运出口，成为上海出口猪鬃的主要商品来源。

1894年，猪鬃列为全国专项统计，当年出口额达18378担，计56.72万海关两，其中上海出口的仅648担，而汉口、天津等地运到上海转口出口的则达11337担。[④]一战前，西方国家为了备战，大量收购猪鬃。1913年，中国猪鬃出口猛增，经由上海出口的数量占全国猪鬃出口的75%。[⑤]汉口猪鬃多运往上海转运出口，上海最早经营猪鬃的英商隆茂与平和洋行，在汉口也设有分行。[⑥]猪鬃成为上海和汉口间土货外贸埠际转运的重要商品。

---

①《中华民国七年（1918年）汉口华洋贸易情形论略》，《中国旧海关史料》1918年分册。

②《汉口之猪鬃业》，《银行杂志》1926年第三卷第十四号。

③《汉口之猪鬃业》，《工商半月刊》1929年第1卷第21号。

④上海社会科学院经济研究所、上海市国际贸易学会学术委员会编：《上海对外贸易》，第336页。

⑤同上。

⑥上海社会科学院经济研究所、上海市国际贸易学会学术委员会编：《上海对外贸易》，第337页。

第三节　本章小结

一、汉口在直接对外贸易上受长江内河口岸的局限，始终以依赖上海外贸埠际转运为主

汉口是上海全国外贸埠际转运最重要的对象口岸。1864—1930年间，其直接对外贸易有所增长，尤其是直接进口增长很快，对上海洋货外贸埠际转运依赖性相应降低；但其直接出口能力始终未见明显增长，仍以经上海转运为主。汉口直接进出口虽然有所发展，但与全国其他主要口岸相比，规模仍然很小。20世纪20年代末，其直接进出口值和比重又有所回落。1930年，汉口在全国口岸直接对外贸易值的排名中，不仅远远落于上海、大连、天津、广州，甚至不如安东、汕头等口岸，仅名列第十。[①]并且汉口直接进口能力有所发展后，其直接进口的洋货仍需在上海由海轮换江船。

可见尽管汉口的进口能力增强了，但作为内河口岸，发展直接对外贸易始终不像沿海口岸那样方便，在航运上仍要受内河口岸的局限。正如时人评价："汉口一埠乃内地之枢纽，与美国支加哥正复相同。盖其不处海滨，外国航轮，无由直达，只司集中土货，运沪出口，收纳洋货，散销内地，最为相宜。而且外商经营既久，亦知采购运输，终不如上海便利，故直接运输日见减少，非复以前蓬勃之状。"[②]

①张克明:《汉口历年来进出口贸易之分析》,《汉口商业月刊》1935年第二卷第二期。
②同上。

二、沪汉外贸埠际转运对华中地区的影响

汉口位居华中水陆交通要冲，自古以来即是长江腹地辐射南北各地的交通枢纽和货物集散地，随着近代铁路的兴建，其腹地得以进一步扩大，“居全国之中心，扼长江之腹部，九省通衢，内地枢纽。西北由汉水可达陕甘，西经长江可至川滇，南由洞庭可抵湘黔，东由长江可到赣、皖、江苏，此皆为水道为交通利器。迨平汉路成，北达平津；湘鄂通车，南连粤桂，坐镇中枢，绾毂南北，近人拟之为东方芝加哥，诚非过誉。故由外国进口及内地出口土货，均聚散于斯”①。自开埠以来，汉口便由传统的内贸城市转变为受上海传动的华中地区土洋货吞吐八方的集散中心。②

汉口与上海间的土货外贸转运内容非常丰富，汉口运往上海的各种大宗土货均来自其连接的广阔腹地，“其往来聚散重要物品，虽种类繁多不可胜计，然撮其大宗数之，则如谷米、煤炭来自湖南运往江南各处者，茶、鸦片、药材自四川运出者，茶、兽皮、药材自北部诸省经陕西出襄阳下汉水而来者，药材、棉布、海味、人参、樟脑等物经上海溯长江集于汉口者，盖一年之中，江上风光无时不帆樯如织，而贾客舟人各熙熙攘攘也”③。同时，汉口也将经上海转运来的洋货销往其连接的华中乃至西南各省，“亦算真能辅助上海畅销存货之处”④。

汉口辐射的广阔地区也成为上海的间接腹地，沪汉间的外贸埠际转运，在一首一尾连接上海和汉口这两大口岸的同时，也牵动和影响着广大华中地区。

---

①张克明：《汉口历年来进出口贸易之分析》，《汉口商业月刊》1935年第二卷第二期。

②张仲礼、熊月之、沈祖炜主编：《长江沿江城市与中国近代化》，上海人民出版社2002年版，第79页。

③徐焕斗：《汉口小志·商业志》，六艺书局1915年版。

④《光绪三十三年（1907年）通商各口华洋贸易情况总论》，《中国旧海关史料》1907年分册，第46册。

第四章

上海与宁波的外贸埠际转运

第一节　上海与宁波的洋货外贸埠际转运

宁波是中国最早的外贸港口之一，也是古代中国发展最持久的对外贸易港，从秦朝开始直到明清，始终保持了繁荣，曾盛极一时。[①]第一次鸦片战争后，宁波与上海一同作为中国最早开放的五个通商口岸之一，正式对外开埠。开埠后的上海很快超过其他四口，并超过了一口通商时期的全国外贸中心广州，成为中国最大的对外贸易口岸。而开埠后的宁波，却并未如外商所热切期待的，成为一个良好的市场，为其倾销洋货打开新的局面。开埠几年后，外商就发现宁波的对外贸易完全依赖上海，“直接对外贸易实际上是不存在的”，当时甚至有人建议用宁波去换其他口岸。宁波最后被保留作为通商口岸的一个重要原因就是“它仍然可以做一个所有贸易都操在中国人手里的‘外港’的典型例子，对主要市场——上海，起辅助的作用”[②]。可见宁波在对外贸易上对上海的依附，自开埠之初便已形成了。

①竺菊英：《开埠前宁波对外贸易历史地位探析》，《中国社会经济史研究》1995年第1期。

②［美］马士：《中华帝国对外关系史》第一卷，生活·读书·新知三联书店1957年版，第405页。

宁波之“密迩上海”，使其处在上海作为全国最大对外贸易口岸的强大辐射之下，直接对外贸易发展缓慢，与上海间的外贸埠际转运在相当长的时期内成为宁波对外贸易最主要的方式。这一点，久已为学者所熟知，以往关于宁波贸易的研究成果，多明确指出了上海之强大辐射力是宁波对外贸易发展不力的最大原因。但是对上海与宁波间的外贸埠际转运关系的历史变迁，及宁波对上海外贸转运依赖程度的变化，还缺乏以系统的数据为基础的深入梳理和研究。其实在历史时期，宁波的直接对外贸易能力并非全无发展，随着直接航运的开展和中国对外贸易的变迁，宁波与上海间的外贸埠际转运也在不断变化，进一步探究其在历史时期的这种变化，是十分必要也是很有意义的。

一、沪甬洋货外贸埠际转运变迁

就沪甬间洋货外贸埠际转运关系来说，经上海转运值占宁波进口总值的比重最能反映出宁波对上海洋货外贸转运的依赖程度。但是《中国旧海关史料》对各口岸的洋货进口统计中，均缺少具体到洋货由国内哪些口岸转运的数据。因此宁波海关的统计中，缺少洋货由上海转运进口的具体统计，上海海关的洋货复出口项中有具体与宁波间的数据统计，也只到1904年为止，此后由于海关统计的变化，所有口岸间的埠际贸易数据均不再见于统计。宁波与上海的外贸转运非常密切，经其他口岸转运而来的洋货比重十分微小，由上海进口的洋货值常常几乎等同于其由国内口岸进口值。有鉴于此，采用宁波直接进口值在其进口总值中比重的变化情况，已基本可以反映宁波与上海间洋货外贸转运的变化，同时可辅以上海海关有统计数据的年份里二者之间的洋货外贸转运值，以使数据呈现的变化更加科学和贴近史实。

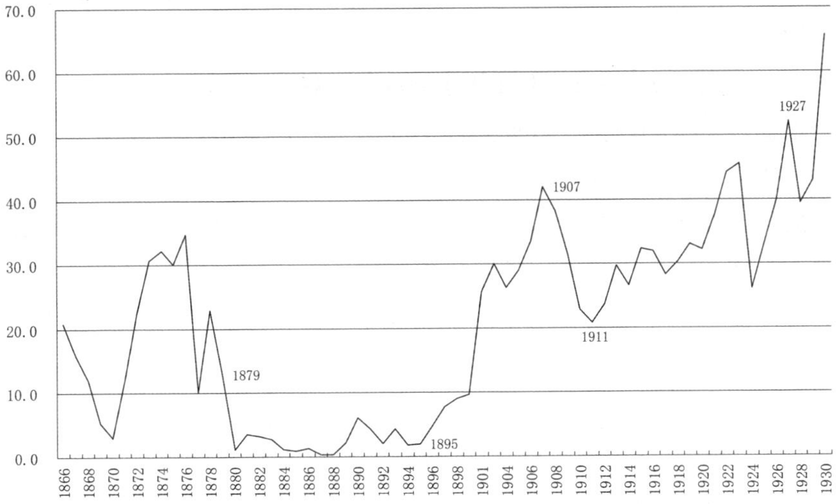

图4-1　宁波直接进口洋货比重图(1864—1930)

数据来源：见附表九“宁波直接进口比重表”。

宁波位于长江三角洲，是上海外贸转运辐射强度最高的地区，上海对宁波洋货外贸转运影响最大。同时宁波也处于华南沿海外贸转运枢纽港香港的辐射范围内，因此香港对宁波的进口贸易也有一定影响。经香港转运的洋货主要来自欧洲、美洲、印度、日本、南洋等地。[①]由香港运至宁波的洋货中，还包括香港本地产的精白糖。在旧海关统计的“洋货进口项”中，香港是作为国外口岸的，由香港运来的商品均作直接进口洋货计算。因此宁波对香港的进口，是影响宁波对上海洋货外贸转运依赖程度的一大因素。宁波特殊的地理位置，决定了它同时受上海和香港两大外贸中转枢纽港的影响，同时宁波还可以直接对南洋开展贸易，这些特点在沪甬间外贸埠际转运关系上应该引起关注。

①毛立坤：《试析晚清时期(1869—1911)香港与内地的贸易关系》，《中国历史地理论丛》待刊。

按照图4-1中的变化趋势，可将宁波与上海洋货外贸埠际转运的变化分为几个时期：

（一）沪港共同影响，上海居主导时期（1866—1879）

根据表4-1的数据，这期间经上海转运的洋货值占宁波洋货进口总值的比重年平均78.7%。而这段时期宁波直接进口比重平均19.9%，与经上海转运所占的平均比重相加，几乎等于宁波进口贸易的全部，这说明了上海作为宁波洋货进口来源的重要性。

这一时期，宁波进口的主要大宗洋货多经上海转运。宁波海关所收的进口关税明显地体现了这一点："洋货进口税确实很少……宁波进口之洋货绝大多数均来自上海，而且都是已在上海缴纳了进口税的，运来宁波都有'免重征执照'，因此，那些从上海转口来宁波的洋货，宁波就收不到税也，而这些又是大宗的主要进口货，如匹头、棉、毛制品、五金之类者也。为此，宁波海关之所能收到的洋货进口税主要是靠西姆逊轮船公司轮船直接从香港运来的货物和一些帆艇直接从南洋和暹罗曼谷运抵宁波的货物。"①可见宁波进口的大宗洋货主要依赖上海转运，直接进口的只占一小部分，其中又以由香港进口的居多。

在历史时期的海关统计中，由香港进口的商品一并算作由国外直接进口，实际上由香港运来的商品中既有经香港转运的商品，也有香港本地产的商品，故虽提法为"由香港直接进口"，但具体的商品性质将在具体讨论中进一步厘清。

---

①中华人民共和国杭州海关译编：《近代浙江通商口岸经济社会概况——浙海关、瓯海关、杭州关贸易报告集成》，浙江人民出版社2002年版。以下简称《贸易报告集成》。《光绪四年（1878年）浙海关贸易报告》，第207页。

表4-1　宁波进口洋货经上海转运表（1866—1879）

年份	上海洋货转运宁波值占宁波洋货进口总值（%）	上海洋货转运宁波值	宁波洋货进口总值
1866年	88.9	3620100	4069829
1868年	87.1	4197614	4819364
1869年	90.2	4548946	5042890
1871年	81.4	4312329	5298944
1872年	76.1	4589007	6034065
1873年	77.0	4466694	6461033
1874年	83.1	4579906	6136073
1875年	65.3	4124432	6319446
1876年	65.3	3959413	6064188
1877年	85.7	5375380	6273209
1878年	65.3	4437905	6796400
1879年	79.6	5415725	6803105

数据来源：根据《中国旧海关史料》历年数据整理。

说明：（1）上海洋货转运宁波值在宁波海关中只有少数几年有统计，故取上海海关统计数据。偶尔会出现占宁波洋货进口总值比重与以宁波数据统计的宁波直接进口比重相加，超过100%的现象。这是因为两个不同海关的统计必有一定出入，是海关统计中常见的现象。鉴于误差并不大，因此不影响利用现有海关数据对沪甬间外贸埠际转运关系所做的太致估计。（2）宁波洋货进口总值=由国外进口洋货值+由国内口岸进口洋货值。（3）1866—1874年单位为两，1875—1879年单位为海关两，1873、1874年宁波洋货进口总值是根据1两=1.114海关两换算而来。（4）1868、1869、1870年上海海关统计数据缺，以宁波海关统计数据代替。1867年上海、宁波海关统计数据皆缺。

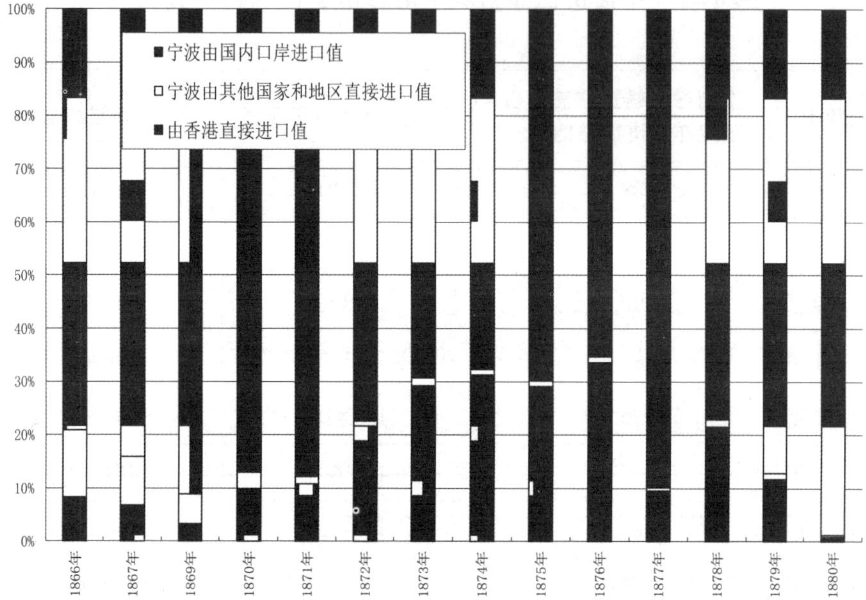

图4-2　宁波洋货进口图（1866—1880）

数据来源：根据《中国旧海关史料》历年数据整理。

如图4-2所示，宁波洋货进口主要依赖从国内其他口岸进口，其中主要是上海。就宁波直接进口来说，由其他国家和地区直接进口很少，由香港直接进口居多，在19世纪70年代表现得尤为明显。这一时期由香港运往宁波的主要是由香港转运而来的鸦片。香港是华南沿海口岸进口鸦片的中转港，1871—1877年间，每年有广州、香港前往上海的轮船，途中可停靠宁波，运来香港直接载来的鸦片。[①]1871年，宁波进口鸦片总数为7624.8担，其中4215担由香港进口，其余3409.8担来自上海，由香港转运值多于经上海转运值。[②]1877年，轮船招商局提高了运费，香港

①《贸易报告集成》，《光绪三年（1877年）浙海关贸易报告》，第174页。

②《贸易报告集成》，《同治十至十一年（1871—1872年）浙海关贸易报告》，第149页。

线运费升高，从此线进口的鸦片随之减少。[①]由香港直接进口值的下降，使宁波直接进口比重同步下降，1880年已降回1.2%。

（二）上海绝对主导时期（1880—1895）

如表4-2所示，这一时期经上海转运的洋货占宁波洋货进口总值的比重年平均为90.4%，比上一时期明显提高。同期宁波的直接进口值在进口总值中的比重年平均只有2.4%，无论是从香港，还是从其他国家和地区的直接进口都非常有限，“偶尔有一艘轮船从日本装了煤来，从香港装了杂货，这就是整个直接交通”[②]。宁波海关报告中也明确提道：“本口几乎可说没有直接从国外进口之贸易，所有之进口货主要是经由上海而来的洋货。”[③]体现了这一时期宁波对上海洋货外贸转运的绝对依赖。

表4-2　宁波进口洋货经上海转运表（1880—1895）

年份	上海洋货转运宁波值占宁波洋货进口总值（%）	上海洋货转运宁波值（海关两）	宁波洋货进口总值（海关两）
1880年	85.1	5089831	5981239
1881年	93.0	6726029	7233289
1882年	87.7	5536224	6315998
1883年	84.8	4974156	5868629
1884年	88.4	4876614	5514959
1885年	100.0	5160066	5160066
1886年	86.6	5486478	6331929

①《贸易报告集成》，《光绪三年（1877年）浙海关贸易报告》，第174页。
②《贸易报告集成》，《浙海关十年报告（1882—1891年）》，第17页。
③《贸易报告集成》，《光绪十六年（1890年）宁波口华洋贸易情形论略》，第171页。

续表

年份	上海洋货转运宁波值占宁波洋货进口总值（%）	上海洋货转运宁波值（海关两）	宁波洋货进口总值（海关两）
1887年	90.6	4128316	4556768
1888年	93.4	5231066	5599840
1889年	88.8	5087886	5730613
1890年	82.2	5047204	6141537
1891年	85.9	5315436	6191316
1892年	89.7	6027509	6723068
1893年	93.7	6583687	7028508
1894年	97.3	6970937	7165413
1895年	100.0	7960210	7960210

数据来源：根据《中国旧海关史料》历年数据整理。

说明：（1）上海洋货转运宁波值在宁波海关中只有少数几年有统计，故取上海海关统计数据。偶尔会出现占宁波洋货进口总值比重与以宁波数据统计的宁波直接进口比重相加，超过100%的现象。这是因为两个不同海关的统计必有一定出入，是海关统计中常见的现象。鉴于误差并不大，因此不影响利用现有海关数据对沪甬间外贸埠际转运关系所做的大致估计；（2）宁波洋货进口总值=由国外进口洋货值+由国内口岸进口洋货值。

（三）上海影响下降时期（1896—1930）

1.沪港共同影响，香港影响上升时期（1896—1907）

1896年后，宁波的直接进口又有所发展，最主要的原因是浙江省对食糖的需求增多，而食糖多可由香港等地直接进口，经上海转运进口的则为少数。

1901年，宁波共进口精白糖161711担，从香港直运的达到153567担，经上海转运的只有8144担。1902年，宁波共进口洋糖45万担，其中由香港直运的车糖20万担，由上海转运的只有11万担，其余则由菲律宾和台湾直接购入。[①]由香港运来的精白糖主要是在香港由当地车糖公司生产的，直接运往宁波，在当地大受欢迎。英商太古公司在香港有自己建造的炼糖厂，在古巴购进原料，用机器炼成各色白糖。“香港将成交之糖，按期交货，大都用轮船直放，杂以在香港所能揽得的其他运甬货物。这样，太古可省却一项转口费用，糖商也免去一道转口损耗。因此销糖业务繁盛。”[②]1905年，宁波糖的进口已增长到33.4万担，可谓突飞猛进，其中16.2万担由香港太古火车糖公司运来。[③]

如图4-3所示，这一时期宁波直接进口比重的增长，主要是由于香港直接进口增长，由国内口岸——主要是上海——的进口比重随之下降。宁波海关贸易报告中如是记载：“原有的直接与香港及其他南方口岸的轮船交通，曾因商业集中到上海而消失。近几年，由于精白糖的贸易兴起，这些轮船交通恢复。”[④]

从图4-3中还可以看出，宁波由其他国家和地区的直接进口值所占的比重也有所提升，一是因为宁波除了由香港进口精白糖外，由菲律宾直接进口的青糖也很受欢迎，满载青糖直接运往宁波的船只日见其增。[⑤]除此之外，甲午战争后，《马关条约》将台湾割让给日本，所以从台湾运来的食糖、煤及杂货均被计入宁波直接进口的洋货中。宁波直接进口值在进口总值中所占的比重1895年为1.9%，1898年已升至9.1%，到1907年已增长到42%；与此相应，经上海转运的洋货值占宁波进口总值的比重1896年为93.2%，1904年已降到75.3%。浙海关税务司对洋货直接进口的发展和对上海依赖性的减弱表示欣喜：“由于从香港、台湾直接用轮船运来之食糖和洋杂（货）增多，这项贸易增长甚大。按惯常之

①《贸易报告集成》，《光绪二十八年（1902年）宁波口华洋贸易情形论略》，第309页。

②政协宁波市委员会、文史资料研究委员会编：《宁波文史资料》第9辑“宁波港史资料专辑”，包俊文：《英商宁波太古公司始末》，第89页。

③《贸易报告集成》，《光绪三十一年（1905年）宁波口华洋贸易情形论略》，第317页。

④《贸易报告集成》，《浙海关十年报告（1892—1901年）》，第48页。

⑤《贸易报告集成》，《光绪三十一年（1905年）宁波口华洋贸易情形论略》，第317页。

进口大部分均由上海转来，如今能不经过上海而直接来宁波，其费用当然就降低矣，这对贸易乃是有利之举也。”①

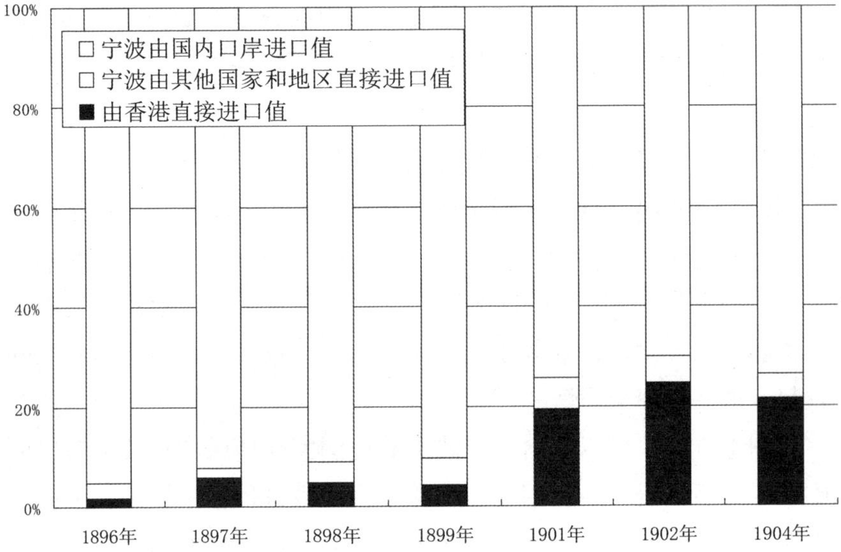

图4-3　宁波洋货进口图（1896—1904）

数据来源：根据《中国旧海关史料》历年数据整理。

除直接进口食糖的发展外，宁波进口的其他大宗洋货仍需依赖上海转运，《光绪三十三年（1907年）宁波口华洋贸易情形论略》中即说：“过去几年之外洋进口贸易，主要是从香港和菲律宾之食糖大大地扩展。……其他进口洋货都是从上海转运来的。”②可见，在宁波的对外进口中，上海仍起着不可替代的作用。

---

①《贸易报告集成》，《光绪二十七年（1901年）宁波口华洋贸易情形论略》，第305～306页。

②《贸易报告集成》，《光绪三十三年（1907年）宁波口华洋贸易情形论略》，第322页。

2.上海影响短暂回升时期（1908—1911）

宁波的直接进口比重并未一直保持上升态势，1908—1911年间，这一比重曾出现较大幅度的下降（见图4-1），经上海转运进口有所回升，这主要是受沪甬航线竞争影响。

1908年，宁波商人筹建宁绍轮船航运公司。1909年，宁绍公司以两艘轮船投入沪甬间的定班航运，每天对开。当时已有中国轮船招商局、英商太古轮船公司和一家法商公司三家经营沪甬航线业务，宁绍公司的加入使沪甬线上的竞争更加激烈，以致运费大跌。就客运来说，原有的三家公司将统舱票联合定价为一元，为了打倒宁绍公司，三家公司联合减价到两角。[①]由于运费大减，商人乐于在沪甬间转运进口，"香港及日本之货，大半现由上海转口运来"[②]，宁波直接进口因此减色。

在沪甬线的竞争中，宁绍公司在宁波同乡会的支持下最终取胜。1911年，法商公司的轮船退出了沪甬定班航运，沪甬航线运费恢复正常。[③]沪甬间的洋货外贸埠际转运优势再次失去，宁波直接进口比重继续增长，上海对宁波洋货外贸转运的影响进入了持续下降阶段。

3.上海影响持续下降时期（1912—1930）

糖一向为宁波直接进口洋货的大宗，除了直接由香港和菲律宾进口糖外，民国初年日本糖也加入竞争。1914年，宁波已有两家日本糖行，年内多次由日本直接运糖来宁波，并且进口量很大。因此"由外洋径运进口之洋糖，因商业竞争，反促进步"。除此之外，宁波直接进口的其他各种洋货如煤、锡、颜料、纸烟及杭甬铁路所需铁路物料，"皆有加无已"[④]。1922年后，宁波进口米也逐渐增多，多由香港及外国各埠直接

---

①聂宝璋、朱荫贵编：《中国近代航运史资料》第二辑下册，中国社会科学出版社2002年版，第1057页。

②《贸易报告集成》，《宣统二年（1910年）宁波口华洋贸易情形论略》，第330页。

③郑绍昌主编：《宁波港史》，人民交通出版社1989年版，第213页。

④《贸易报告集成》，《民国二年（1913年）宁波口华洋贸易情形论略》，第337～338页；《民国三年（1914年）宁波口华洋贸易情形论略》，第340页。

进口，其中由香港进口居多。[①]

随着各项商品直接进口的增长，宁波的直接进口比重也持续增长，但在1927年前并未超过50%，大部分洋货还是经由上海转运而来。1911—1921年间，宁波进口洋货仍多数在上海完税，凭免重征执照到达宁波。[②]1925年抵制英日货物时，洋货进口减少，但是对浙海关税收影响并不大，主要就是因为"此等洋货向来系在上海纳税"[③]。1927年，宁波直接进口比重首次超过50%。1930年再创新高，达到65.7%。至此，上海对宁波洋货外贸转运的影响终于退居次要。造成这一变化的主要原因，是宁波商品结构的重大变化。

由于浙江省米粮产额减少，未能与人口的增长保持同步，因而对米的需求量越来越大。1923年，宁波进口洋米只有100万担，已是之前的最高之数，到1930年已骤增至2362518担。[④]自20世纪初鸦片禁止进口后，棉布长期居于宁波进口洋货第一位。1927—1930年间，粮食取代棉布成为宁波进口值最大的商品[⑤]，其中主要是直接由香港和南洋进口的米，米也因而成为宁波直接进口的大宗。1927年，宁波直接进口值为10012996海关两，米一项即为5174295海关两，超过50%。1930年，宁波直接进口商品为14995735海关两，米一项即高达11787985海关两，几乎占了直接进口商品的80%。[⑥]

---

①《贸易报告集成》,《民国十一年（1922年）宁波口华洋贸易情形论略》，第369页；《民国十四年（1925年）宁波口华洋贸易情形论略》，第378～379页。

②《贸易报告集成》,《浙海关十年报告（1912—1921年）》，第74页。

③《贸易报告集成》,《民国十四年（1925年）宁波口华洋贸易情形论略》，第378页。

④《贸易报告集成》,《民国十九年（1930年）宁波口华洋贸易情形论略》，第394页。

⑤郑绍昌主编:《宁波港史》，第268～269页。

⑥蔡谦、郑友揆:《中国各通商口岸对各国进出口贸易统计（民国八年，十六年至二十年）》，上海商务印书馆1936年出版，第96～103页。

表4-3 宁波直接进口国别及地区表(1927—1930)

国别及地区	1927年		1928年		1929年		1930年	
	由各区域直接进口值(海关两)	占宁波直接进口总值比重(%)	由各区域直接进口值(海关两)	占宁波直接进口总值比重(%)	由各区域直接进口值(海关两)	占宁波直接进口总值比重(%)	由各区域直接进口值(海关两)	占宁波直接进口总值比重(%)
香港	4220681	42.2	2140529	35.9	3048121	44.8	5227572	34.9
南洋各国	4015406	40.1	2342156	39.3	3028660	44.5	2622655	17.5
日本	894330	8.9	1273561	21.4	453944	6.7	693800	4.6
亚洲其他国家	551716	5.5	16583	0.3	89276	1.3	6231983	41.6
欧美各国	330863	3.3	185060	3.1	182001	2.7	219725	1.5
总计	10012996		5957889		6802002		14995735	

数据来源：蔡谦、郑友揆:《中国各通商口岸对各国进出口贸易统计(民国八年，十六年至二十年)》，上海商务印书馆1936年版，第4～19页。

说明：南洋各国包括安南、菲律宾、荷属东印度、暹罗及新加坡等处；欧美各国包括比利时、荷兰、瑞典、法国、德国、英国、意大利、丹麦、瑞士、美国、加拿大、澳洲等处；亚洲其他国家包括印度、朝鲜、土耳其、波斯、埃及、俄国太平洋沿岸。

如表4-3所示，香港在宁波的直接进口中仍居主要位置。由南洋各国直接进口的比重几乎与香港平齐，因为南洋也是宁波直接进口米粮的重要来源。还应注意到，宁波长期以来的直接进口主要来自香港、南洋，此外另有部分对日本的直接进口，对欧美等国直接进口能力一直十分有限，这种情况直到本期末也没有改变。

二、沪甬洋货外贸埠际转运主要商品

（一）鸦片

在宁波开埠后相当长的时期里，鸦片位居进口商品第一位，上海是宁波进口鸦片的主要来源。

1.沪港共同转运时期（1866—1879）

表4-4　经上海转运宁波进口鸦片表（1871—1873）

单位：（担）

	1871年	1872年	1873年
上海转运宁波	3409	4768	4253
宁波进口总数	4215	6549	7624
经宁波进口比重（%）	80.5	72.8	55.8

数据来源：1871年上海数据来自《贸易报告集成》第149页，1872—1874年上海数据来自《英国驻上海领事贸易报告汇编》第330页；宁波数据分别见当年的贸易报告和论略，或根据前后年份记载数据计算。

根据表4-4显示，1871—1873年间，经上海转运宁波的进口鸦片占宁波进口鸦片总数的比重有所下降，1871年该比重为80.5%，1872年下降为72.8%，1873年已下降为55.8%。影响这一比重的，主要是宁波由香港直接进口鸦片值的变化。

这一时期，在往来宁波的外国轮船中，有几艘专由广州、香港前往上海，中途停靠宁波。1871—1877年间，这些船可从香港载运鸦片直接至宁波，这直接影响了宁波由上海进口鸦片的比重。[①]但是这种情况自

①《贸易报告集成》，《光绪五年（1879年）浙海关贸易报告》，第215页。

1877年后期开始有了变化。轮船招商局逐渐垄断沪甬航线后，就把鸦片从上海运宁波的运费由每箱0.4元提高到每箱2元，香港线也如此办理。这样就使宁波鸦片进口商停止了从香港线进口鸦片，而改由太古洋行的轮船从香港运往上海了。[①]

2. 由上海转运时期(1880—1914)

表4-5 经上海转运宁波进口鸦片表(1883—1887)

单位：(担)

	1883年	1886年	1887年
上海转运宁波	8298	6653	4391
宁波进口总数	8444	8244	4411
占宁波进口比重(%)	98.3	80.7	99.5

数据来源： 1883年上海数据来自《英国驻上海领事贸易报告汇编》第650页，1886、1887年上海数据来自《英国驻上海领事贸易报告汇编》第720页；宁波数据分别见当年的贸易报告和论略，或根据前后年份记载数据计算。

1883—1887年间，上海是宁波进口鸦片最主要的来源。1887年，从上海输入宁波的进口鸦片在宁波鸦片进口总值中占比高达99.5%。[②]上海进口的麻洼鸦片本地消费量很有限，其大部分就是打算转运其他口岸的，宁波是最大主顾之一。[③]尽管此后上海一直是宁波进口鸦片最主要的来源，但从上海输入宁波的进口鸦片逐年减少，这主要是因为：第一，

---

①《贸易报告集成》,《光绪三年(1877年)浙海关贸易报告》，第174页。

②李必樟编译：《英国驻上海领事贸易报告汇编》,《领事许士1880年度上海贸易报告》，第567页。

③《英国驻上海领事贸易报告汇编》,“总领事许士1887年度上海贸易报告”，第720页；“领事达文波1876年度上海贸易报告”，第480页。

随着土烟的种植，宁波对上海进口鸦片的需求量有所减少。在上海进口鸦片转运的口岸中，许多都受到了土产鸦片的干扰。镇江和长江以南的市场上，进口鸦片尚占上风，依赖上海供应。这一区域内，只有宁波受土产鸦片干扰最为明显，因为“靠近宁波的台州府现在生产大量的鸦片”①。第二，1887年，《烟台条约附则》修订，使浙江北部的杭州、嘉兴、湖州地区转由上海直接进口鸦片，直接影响了宁波的鸦片进口量，后文将对此进行专门论述。第三，1896年，杭州以超越宁波的优势正式开埠，此后浙江省的鸦片进口大量转向杭州，由杭州向上海直接进口。②

1883年，宁波由上海转运进口鸦片8298担，1887年已降到4391担，1901年降至2357担，不到十年间减少了近85%。随着20世纪初全国禁烟的发展，1911年宁波进口鸦片降到412担。到1914年6月16日正式禁止进口任何鸦片之时，宁波“（进口鸦片）贸易早在前两年就停止了”③。

3.宁波和上海对浙北进口鸦片腹地之争

浙江北部的杭州、嘉兴、湖州是浙江最繁盛的三个城市，浙江十一府“惟杭、嘉、湖、宁、绍五府，户口殷富，用物浩繁。五府之中，又惟杭、嘉、湖三府俗尚华靡，为销货最多之地”④。杭嘉湖地区离上海更近，并且与上海间河港水网密布，水路交通极为方便，因此可从上海进口大部分洋货。唯独鸦片，只准宁波从上海进口。但浙北地区毕竟在地理上离上海更近，并且江苏的厘金比宁波低，因此仍有鸦片从上海越过江苏边界流入浙北。为此，在江苏、浙江北部毗邻上海的边缘地界，厘卡林立，谨防从上海绕过宁波走私鸦片进入浙江，确保了宁波十几年间平均每年进口洋烟7740担，其中绝大多数经上海转运而来。⑤

1877年11月，由于鸦片行市的变化，宁波鸦片华商为了防止其高

①《英国驻上海领事贸易报告汇编》，“领事麦华陀1874年度上海港贸易报告”，第332页。

②《贸易报告集成》，《浙海关十年报告（1892—1901年）》，第50页。

③《贸易报告集成》，《浙海关十年报告（1902—1911年）》，第74页。

④《筹办夷务始末》（道光朝），中华书局1964年版，第2822页。

⑤《贸易报告集成》，《光绪十三年（1887年）宁波口华洋贸易情形论略》，第261页。

价买进的鸦片亏损，订立攻守同盟，不再买进鸦片，企图扭转鸦片烟市，结果到年底鸦片烟市并没有好转，反而出现呆滞。这种联合正为上海创造了机会，“大批洋药以极廉之价格从江苏浩浩荡荡运入浙北，如入无人之境”，厘金局见此场面，征收核对踌躇不前，结果“上海鸦片商长驱直入浙北市后旗开得胜”，从此浙北不再由宁波而是由上海供应鸦片。[①]宁波洋药行公馆只得出面，在湖州、嘉兴两地设立厘金分支机构，并雇用专查走私鸦片的巡役若干人，往苏浙边界分卡开征鸦片税，每箱28两银，凡从上海来湖州、嘉兴两地之鸦片，一律照征不误。[②]1887年，《烟台条约附则》修订，解除了已付税厘的鸦片运入浙江省内的一切限制，更使得杭嘉湖地区得以直接从上海进口，进一步削减了从宁波进口的鸦片数量，从此一半以上的鸦片供应就直接转向上海了。[③]

在鸦片贸易时期，宁波直接进口能力十分有限，主要依赖上海转运进口。因此，在进口鸦片供应区域的争夺上，面对上海的强势，宁波无能为力。对上海来说，鸦片运往宁波还是运往杭嘉湖，都是供应浙江省，影响不大。但是对宁波来说，与上海争夺浙北鸦片腹地的失败，意味着进口大宗商品的大打折扣。不仅在鸦片贸易上如此，上海强大的贸易辐射力早已渗透浙江省，浙海关税务司对此有切肤之感：“由于受到上海蒸蒸日上之影响，把宁波之贸易范畴日益侵占和蚕食掉。多少年前，它破坏了宁波的直接贸易，而如今又把宁波包围起来，逼我们去向内陆。省内许多大城市陆陆续续都与上海挂上了钩，睁眼看看使人不寒而栗。”[④]作为长江三角洲的重要口岸，宁波始终处于上海强大的贸易辐射力之下，在对外贸易上依附于上海，在竞争中无力抗衡。

---

①《贸易报告集成》,《光绪三年（1877年）浙海关贸易报告》，第178～179页。
②《贸易报告集成》,《光绪四年（1878年）浙海关贸易报告》，第195页。
③《贸易报告集成》,《光绪十三年（1887年）宁波口华洋贸易情形论略》，第261页。
④《贸易报告集成》,《光绪三年（1877年）浙海关贸易报告》，第172页。

（二）棉制品

棉制品和鸦片同为宁波进口商品的大宗，宁波的棉制品贸易全部掌握在华商手中，而他们都是从上海进货的。①

原色布是当时宁波进口棉制品的最大宗。1876年，宁波共进口原色布40.4万匹，由上海转运39.51万匹，占97.8%。1877年，宁波共进口原色布35.4万匹，由上海转运35.1万匹，占99.2%。可见宁波的进口原色布几乎全部由上海转运而来。从上海的角度看，转运宁波的原色布大约占上海转运国内值的10%左右，是其进口原色布的固定销处之一。

由于宁波直接进口一直十分有限，并且直接进口商品多为从香港和南洋运来的糖、米及其他杂货，棉制品一项一直是依赖上海转运进口的。1907年，除当地一家棉纱厂进口了几千担美、印、日产之洋纱，其余进口的棉制品全部是由上海转运而来的，除了美制斜纹布一项减少外，其他棉制品品种进口皆有增长。②1922年，宁波"如本色市布、粗布、细布、漂白市布及粗细斜纹布进口甚旺，大半于年尾数月向上海各行拍买而来，因本地商人鉴于棉花价格高涨，国外汇兑银价渐低及见新修进口税则即将实行，故皆尽量购办，为一时投机之业以期后日价高，至于本地市面需求，实无若是之盛"③。宁波的染色工艺在全国闻名遐迩，"给洋布加染，是宁波及其周围地区的一项庞大的工业"④。因此有在上海拍卖行卖出的残次棉制品，运来宁波经染色后掩盖其水渍、霉斑等瑕疵，重新作为无玷污的新品出售，反而可使货主赚得更多利润。⑤

棉布贸易中也同样体现了上海与宁波对浙江省销售区域的争夺。绍兴作为一向畅销洋布的大市场，以往均向宁波采办，但1919年改向上海

---

①《贸易报告集成》，《同治六年（1867年）浙海关贸易报告》，第106页。

②《贸易报告集成》，《光绪三十三年（1907年）宁波口华洋贸易情形论略》，第323页。

③《贸易报告集成》，《民国十一年（1922年）宁波口华洋贸易情形论略》，第369页。

④Commercial Reports，1879年，宁波，p.123，引自姚贤镐：《中国近代对外贸易史资料》，第1434页。

⑤《贸易报告集成》，《光绪元年（1875年）浙海关贸易报告》，第162页。

购买，直接由火车装运，成为该年宁波进口洋货锐减的一大原因。[①]

全国正式禁烟后，棉布取代鸦片成为宁波进口的最大宗，一直维持到1926年，才被粮食所取代。棉纱一度也是宁波进口的大宗，但随着宁波本地棉纱业的发展，棉纱已由进口商品变为出口商品，在进口项中下降。

随着19世纪末全国棉纺织业的兴起，上海作为中国棉纺织业的中心，本地生产的棉制品大量运往宁波，部分地取代了洋货。如一般质量的英国和美国的粗平布，已经被上海和汉口制造的布匹取代，“因为它们理所当然是价廉耐用”[②]。1910年，一向在宁波占有优势地位的美国粗布也已被上海机器粗布所取代。[③]

（三）煤油

19世纪70年代以前宁波并无煤油进口。1871年，美国美孚石油公司尝试把第一桶煤油运进了宁波，此后到1890年的20年间，煤油已成为宁波进口货值第四位的大宗，仅次于鸦片、本色细布和锡。[④]1874年，宁波进口煤油4万加仑，1900年已达400万加仑。

宁波的煤油都是由在海关注册登记的民船从上海运来[⑤]，因为上海和宁波之间的定期轮船拒载这种易燃货物。为此美孚石油公司还造了一艘自己的轮船美安（Meian）号，把油运来宁波。[⑥]1893年，上海和宁波两地商人在宁波成立了一家煤油公司，与当地划艇公会订立了独家经营协议，获得了煤油在宁波的销售专利和垄断特权。然而这种联合很快即告瓦解。[⑦]1897年，该公司向巡抚申请垄断浙江省煤油的销售，提出愿意缴

---

①《贸易报告集成》,《民国八年（1919年）宁波口华洋贸易情形论略》，第356页。

②《贸易报告集成》,《浙海关十年报告（1882—1891年）》，第40页。

③《贸易报告集成》,《宣统二年（1910年）宁波口华洋贸易情形论略》，第331页。

④《贸易报告集成》,《浙海关十年报告（1882—1891年）》，第12页。

⑤《贸易报告集成》,《光绪四年（1878年）浙海关贸易报告》，第198页。

⑥《贸易报告集成》,《浙海关十年报告（1892—1901年）》，第42页。

⑦《贸易报告集成》,《光绪十九年（1893年）宁波口华洋贸易情形论略》，第284页。《浙海关十年报告（1892—1901）》，第43页。

纳一大笔特别费用并按常规缴税。巡抚明智地拒绝了这一请求，因为如批准这一请求，肯定将会引起诸多纠纷。①

宁波进口的煤油先是以美国煤油为主，接着引进了俄国煤油，成为美国的有力对手。1897年又增加了苏门答腊煤油，也成为主要竞争对手。俄国煤油价格较为低廉，因此颇受青睐，其缺点是含有硫酸，会腐蚀马口铁听，所以在原装听内不能置久。②因此俄国煤油运达上海后就卸入油池，再改装成听。1894年，宁波进口的411730加仑俄国煤油中，即包括在上海从油池改装成听而无木箱之煤油，共计314380加仑。③

由于煤油多经上海转运而来，因此在煤油经销商间形成了一个惯例，即"将所有空听甚至空箱退回上海重新灌装"。这种举动造成很坏的影响，因为运回重新灌装的煤油，常常贴的是名牌商标，如被认为质地最好的德孚煤油（Devoe's Oil），但里面装的也许是其他牌子的油，甚至是次等油。浙海关认为最好的也许是唯一的解决办法，"是令经营煤油的各公司直接从国外进口，并且采用如同别地一样的油栈储存的方法"。在与上海的煤油交易上，浙海关认为由于邻近上海，为鼓励本地贸易起见，应该在估税时接受上海进口商提供的相同的煤油发票价格。④

1899年，宁波已有直接进口的美国煤油⑤，1901年，直接进口煤油60万加仑。⑥但还有大量煤油由上海转运而来。英商亚细亚公司在宁波设有分公司，备有4艘运货轮海光、楚光、湖光、河光，往来沪甬之间，由上海浦东亚细亚油池直接装油来宁波。⑦由于宁波海盗和盗匪肆虐，由上海运来的煤油曾多次遇劫。1915年，由上海装运美孚洋行煤油来宁波

①《贸易报告集成》,《浙海关十年报告（1892—1901）》，第43页。

②《贸易报告集成》,《光绪十五年（1889年）宁波口华洋贸易情形论略》，第269页。

③《贸易报告集成》,《光绪二十年（1894年）宁波口华洋贸易情形论略》，第287页。

④《贸易报告集成》,《浙海关十年报告（1892—1901）》，第43页。

⑤《贸易报告集成》,《光绪二十年五（1899年）宁波口华洋贸易情形论略》，第303～304页。

⑥《贸易报告集成》,《光绪二十七年（1901年）宁波口华洋贸易情形论略》，第305～306页。

⑦李军：《洋油霸销宁波半世纪》，第126页，政协宁波市委员会、文史资料研究委员会编：《宁波文史资料》第9辑"宁波港史专辑"。

的帆船即中途遇盗，被劫去煤油981箱。1916年，又有长泰帆船由上海运货来宁波遇盗，被劫去煤油350箱半。[①]可见宁波与上海之间的煤油运输始终不断。

1922年，亚细亚公司在宁波建造了一座煤油池，可装下2000吨煤油，以备储藏自国外直接进口的煤油，“则此后进口煤油无须由上海装运”。由此可见，此前宁波进口的煤油主要都是从上海转运而来的。[②]

（四）糖

食糖在宁波的贸易中非常重要，当地有俗语“糖业旺，百业兴”[③]。食糖在海关统计中被视为洋货。香港炼糖厂供应的粗糖，部分来自爪哇和马尼拉，也有不少来自汕头和台湾，以致许多食糖虽列为洋货，其来源却是土货。

有些土糖为逃避厘金分卡的征税和延误，先运往香港，又作为洋货运至上海，再转运到宁波。这种糖不受宁波内地的厘金局和常关欢迎，常加以阻挠。如在1894年和1896年间，有来自汕头的白糖，出口到香港又经上海运到宁波，已在汕头完纳了出口正税，在上海完纳进口税，并持有江海关发给的免重征执照。但厘金局坚持主张从香港进口的货物，准予享受子口税待遇的，必须是真正的洋货，应有洋商的标志证明来自香港。由于缺少这种标志，货物明显是土产的，不是在宁波就是在上海被调换，因此认定子口税票“被骗用”。货物因此被没收，商人则被送衙门受罚。但是，这种吓阻并未奏效。商人们为了逃避厘金分卡的征税和羁误，宁愿付出往香港的额外运费和两个正税，而在上海获得一张子口税票。[④]

---

①《贸易报告集成》，《民国四年（1915年）宁波口华洋贸易情形论略》，第344页；《民国五年（1916年）宁波口华洋贸易情形论略》，第348页。

②《贸易报告集成》，《民国十一年（1922年）宁波口华洋贸易情形论略》，第370页。

③《贸易报告集成》，《浙海关十年报告（1921—1933年）》，第72页。

④《贸易报告集成》，《浙海关十年报告（1892—1901年）》，第47～48页。

第二节　上海与宁波的土货外贸埠际转运

一、沪甬土货外贸埠际转运变迁

与直接进口逐渐发展，同时对上海洋货外贸转运依赖性逐渐减弱不同，宁波的土货出口始终主要依赖上海转运。如表4-6所示，宁波直接出口从未超过1%。

表4-6　宁波土货直接出口国外比重表（1867—1930）

年份	土货直接出口值	土货出口往国内口岸值	土货出口总值	直接出口占出口总值比重（%）
1867年	5680	5516879	5522559	0.1
1869年	45763	6345381	6391144	0.7
1871年	8233	8968251	8976484	0.1
1875年	5543	4978389	4983932	0.1
1880年	10448	5121481	5131929	0.2
1885年	15614	5091414	5107028	0.3
1890年	3651	4870939	4874590	0.1
1895年	0	6396155	6396155	0.0
1901年	8256	4552672	4560928	0.2
1905年	5130	6146614	6151744	0.1

续表

年份	土货直接出口值	土货出口往国内口岸值	土货出口总值	直接出口占出口总值比重（%）
1910年	5688	10313848	10319536	0.1
1915年	3065	10606486	10609551	0.0
1920年	2018	99902962	99904980	0.0
1925年	47586	18155248	18202834	0.3
1930年	1932	16733823	16735755	0.0

数据来源：详见附表十“宁波直接出口比重表”。
说明：宁波土货出口总值=直接出口值+出口国内口岸值。

宁波的直接出口对象主要是南洋和日本。1869年，宁波直接出口商品中，“惟独运日本之棉花宁波就直接出口，此外就别无其他”①。这一情况直到1896年也没有大的变化，该年宁波直接出口到国外的仍只有一些棉花、棉籽运往日本。②1904年，直接出口数目略有增长，“出口土货为数无多，去年只有估值3036两，今岁升至24876两，俱赖药棉、草席直运香港，由德国轮船运往，第驶行数次而已”③。但其直接出口比重并不见起色，依赖上海土货转运的状况始终不变。

茶叶长期是宁波出口的大宗，以经上海转运为多，以至宁波从事茶业者，“犹如代上海茶行经理装运耳”④。20世纪初，棉花取代茶叶成为宁波土货出口最大宗，仍多经上海转运，“据测，宁波棉约八成是经由上

①《贸易报告集成》，《同治八年（1869年）浙海关贸易报告》，第124页。
②《贸易报告集成》，《光绪二十二年（1896年）宁波口华洋贸易情形论略》，第293页。
③《贸易报告集成》，《光绪三十年（1904年）宁波口华洋贸易情形论略》，第315页。
④《贸易报告集成》，《宣统三年（1911年）宁波口华洋贸易情形论略》，第333页。

海运往日本”[①]。

表4–7　宁波直接出口国别及地区表（1927—1930）

国别及地区	1927年	1928年	1929年	1930年
南洋各国	6853	16240	24765	467
日本	15902	12946	296	637
香港	573	95	113	78
欧美各国	292	600	985	721
亚洲其他国家	694	104	18	29
总计	24314	29985	26177	1932

数据来源：蔡谦、郑友揆：《中国各通商口岸对各国进出口贸易统计（民国八年，十六年至二十年）》，上海商务印书馆1936年版，第28～43页。

说明：南洋各国包括菲律宾、暹罗、荷属东印度、安南、新加坡等处。欧美各国包括丹麦、法国、英国、德国、意大利、西班牙、土耳其、波斯、埃及、美国、加拿大、南美洲、澳洲等处；亚洲其他国家包括朝鲜、印度。

浙海关对此分析道：“夫莅临本埠之直接远洋船只缺乏，多数土货往往运由沪埠出口，而于宁波报关起运时，海关既难以探悉其确运外洋与否，故运商虽携有通运提单，亦惟有按照转口贸易统计，而不能列入直接出口贸易数字之内也。查转运外洋土货之中，以茶叶、蒲席、纤维质及蒲草草帽与花边等为大宗。”[②]

①《贸易报告集成》，《浙海关十年报告（1902—1911年）》，第62页。
②《贸易报告集成》，《浙海关十年报告（1922—1931年）》，第82页。

二、沪甬土货外贸埠际转运主要商品

(一)茶叶

茶叶是宁波最重要的出口商品，宁波的茶叶出口自始至终都经过上海转运，上海成为宁波与国际茶叶市场之间连接的纽带。1896年前，经宁波运往上海的茶叶主要有徽州茶和平水茶两种。1896年后，由于徽州茶改由杭州运往上海，平水茶便成为宁波与上海间茶叶埠际贸易的唯一主角。

1.徽州茶、平水茶时期(1866—1896)

平水茶产于浙东的绍兴、萧山、诸暨、余姚、上虞、新昌、嵊县七县，集中于绍兴平水镇加工精制后，主要经宁波运往上海出口。[①]

徽州茶产地在安徽境内徽州(当时歙县)，原是由杭州运往上海，虽交通便利，但需缴纳各种捐税(“厘捐”、台炮费，及1两税金)。1866年，浙江为吸引徽州茶从宁波出口，采取减税的办法，徽州茶运宁波只缴纳出口税即可。[②]因此虽然水路不利航行，徽州茶仍改由宁波运往上海。此后，徽州茶便也成为宁波出口茶叶的大宗。徽州茶年产量约7—8万担，宁波运往上海的茶叶总量因而增加了约一倍。

起初，宁波希望“所有这些茶能从宁波直接出口到外国。这样，从外贸这个角度看，宁波已不仅是上海之一郊区也”[③]。遗憾的是，这一目标并未实现。除宁波海关收到很大一宗出口税外，这些茶叶对浙江省的实际贸易并无更多裨益，因为徽州茶运来，“仅在宁波存储到听命到沪方处理为止”，仍需运往上海转运出口。[④]因此平水茶和徽州茶，全部先

---

①吴觉农编:《浙江之平水茶业》，农村复兴委员会委托调查茶业调查第一种，1934年出版，第1页、第10页。

②《贸易报告集成》,《同治七年(1868年)浙海关贸易报告》，第113页。

③《贸易报告集成》,《同治四年(1865年)浙海关贸易报告》，第100页。

④《贸易报告集成》,《同治八年(1869年)浙海关贸易报告》，第122页。

运上海，再从上海出口美国和英国。[①]

2.平水茶时期（1897—1930）

1896年，杭州正式开埠，徽州茶再次改走杭州，由杭州运往上海。1897年，宁波出口茶叶数量马上减半，很快便失去了全部徽州茶贸易。由宁波出口的茶叶重新恢复到只有平水茶一种，仍然由宁波装运上海居多。平水茶于是长期成为上海与宁波间外贸埠际转运的重要商品。

但是平水茶的质量越来越差。19世纪60年代，经宁波运往上海的平水茶品质优良，因此才可以在伦敦和纽约市场上卖得相当好的价钱，打开销场。然而需求不断增长，很快便超过了该地区的产量，为了完成订单，中国商人开始给茶叶掺杂。国外市场对此表示强烈不满，茶叶出口也出现下降，但是茶叶质量仍不见改进，以致虽经在上海的茶叶收购商精心选择，仍遭美国海关查验员拒之门外。[②]1892年，宁波茶行和上海茶商之间达成了一项协议，即年内限制平水茶运上海的数量为不超过14万箱，希望将茶叶的出口量限制在该地区可负担的产量之内，以避免商人掺杂。可惜经营平水茶的茶商虽一致同意，但并不完全照章执行，协议成为一纸空文。[③]平水茶掺杂依旧，甚至多到不像样，以致常有不合格的绿茶运到美国海关再遭退回。[④]

茶叶质量的下降严重影响了平水茶的出口。同时，随着中国茶叶贸易的整体衰退，宁波的茶叶贸易也不可避免地要走下坡路。尽管政府不断通过关税优惠政策予以扶持，也无济于事，“华茶一业已成强弩之末，纵竭力整顿亦难免于淘汰”[⑤]。19世纪二三十年代，由宁波运往上海的平水茶常有大量滞销，积压于上海栈房之内，“因其不合欧洲市场之需要

---

①《贸易报告集成》,《光绪十七年（1891年）宁波口华洋贸易情形论略》，第275页。

②《贸易报告集成》,《浙海关十年报告（1892—1901年）》，第44～45页。

③《贸易报告集成》,《光绪二十三年（1897年）宁波口华洋贸易情形论略》，第296页。

④《贸易报告集成》,《光绪三十二年（1906年）宁波口华洋贸易情形论略》，第307页。

⑤《贸易报告集成》,《民国九年（1920年）宁波口华洋贸易情形论略》，第362页。

也”[①]。1920—1930年间，宁波出口的平水茶已由之前的10万担左右降到7.8万—9.6万担之间。[②]

（二）棉花

茶叶贸易鼎盛时期，棉花是宁波第二大出口商品，随着茶叶贸易的衰落和棉花出口的与日俱增，19世纪末20世纪初，棉花已超过茶叶，成为宁波最重要的出口商品。

浙江和江苏是棉花的货源地，江浙两地大量种植棉花，但主要以国内贸易为主，福州、泉州是其最大消费地。早期出口国外的棉花主要是销往日本、欧洲等地，数量并不多。[③]自1886年开始，随着大型蒸汽轧花机和手工操作的洋式轧花机的引进，宁波出口的棉花多经轧棉机轧过，更受市场青睐，促使棉花扩大种植，出口见增。[④]19世纪90年代，随着日本和中国各自棉纺织业的发达，对华棉的需求量与年俱增。而浙江省产的棉花被认为是中国棉花最佳者，用以织成布料，色白而紧韧，因此在上海和日本的市场上都价格较高。[⑤]1892—1901年，宁波出口棉花年平均达到8万担，1910年更达到17.3万担，“对棉花的不同寻常的需求，当然是上海和日本已经建立大量棉纺厂的自然结果”[⑥]。日本对宁波棉花的需求更大，“本埠棉花装运轮船出口者，以日本为尾闾”[⑦]。宁波出口日本的棉花多由上海转运，据测“宁波棉约八成是经由上海运往日本”[⑧]。1893年，宁波运往上海9万担棉花，其中即有约8.3万担转运日本。上

---

①《贸易报告集成》，《民国元年（1912年）宁波口华洋贸易情形论略》，第326页。《民国8年（1919年）宁波口华洋贸易情形论略》，第357页。《民国九年（1920年）宁波口华洋贸易情形论略》，第362页。《民国十六年（1927年）宁波口华洋贸易情形论略》，第387页。

②《贸易报告集成》，《浙海关十年报告（1922—1931）》，第85页。

③《贸易报告集成》，《同治五年（1866年）浙海关贸易报告》，第103页；《光绪五年（1879年）浙海关贸易报告》，第220页。

④《贸易报告集成》，《浙海关十年报告（1882—1891）》，第15页。

⑤《贸易报告集成》，《浙海关十年报告（1892—1901）》，第46页。

⑥同上，第45页。

⑦《贸易报告集成》，《浙海关十年报告（1922—1931）》，第85页。

⑧《贸易报告集成》，《浙海关十年报告（1902—1911）》，第62页。

海成为宁波和日本之间棉花的中转站。

（三）草制品

宁波附近生长的灯芯草可做成各种草制品，成为出口商品。草帽和草席都是出口大宗，多经上海转运。但由于最终需求远远大于供应，以致产品质量越来越低劣，工艺粗糙，好多货物检验不合格遭退货，[①]无法在欧洲销售，导致1889—1890年宁波草制品出口大跌。[②]吸取这些教训后，供应商对货物的尺寸和质地加以特别注意，草制品的加工和贸易再次复苏。1892年，约200万顶帽子和100万条席子出口，货值达25万海关两，主要销往法国和美国。所谓的席子是圆形的，可制成女帽。[③]1902—1911年，有一家法国洋行在宁波设立，有位法国专家协助并进口了日本的木刨花片，其色泽、纹理、质地均优于当地灯芯草，使生产出的草帽更加细致光亮，大大改进了这项工业。草帽出口逐年增加，多数运往巴黎。

宁波的草帽绝大部分由夹板船运往上海，然后经上海转运往美国加利福尼亚、纽约以及英国伦敦。[④]宁波是上海出口草帽的重要来源，英国驻上海领事称“草帽来自宁波。虽然被称为草帽，其实它们是用灯芯草做的，这种草大量生长在宁波港附近的湖滨和沼泽地上。这种草帽在欧洲每顶售价不到1便士，为法国和瑞士的许多农民所戴用”[⑤]。

20世纪初，中国金丝帽和麻帽的出口兴起，采用国外进口的金丝草和麻草，利用中国农村廉价劳动力的纺织工艺，由商人在浙江沿海一带农村发放原料，收购成品，运销欧美等西方国家。宁波当地农民用由上海进口的原料编织，然后将成品运往上海出口。宁波草帽自组织出口以

---

①《贸易报告集成》，《浙海关十年报告（1892—1901）》，第46页。

② 同上，第16页。

③ 同上，第47页。

④《贸易报告集成》，《同治十三年（1874年）浙海关贸易报告》，第158页。

⑤李必樟编译：《英国驻上海领事贸易报告汇编》，“副领事阿连壁1879年度上海贸易报告”，第546页。

来，最初由当地帽贩将零星分散的产品收集成批，售与宁波分行，发展到成立洋庄帽行，由帽行贩运到上海售与上海各洋行出口，成为上海出口草帽的重要来源。[①]

第三节　本章小结

位于长江三角洲，邻近上海的地理位置，使得宁波长期无法发展直接对外贸易。从对外开埠开始，宁波腹地的货物就开始流向上海，“浙江的丝，不管政治区域上的疆界，总是采取方便的水路运往上海这个丝的天然市场；茶经过山区到宁波后，仍然留在中国人手里，外国人只能在它运到上海后并经行帮的准许才能得到”[②]。宁波的英国领事对此哀叹道：“宁波的对外贸易似乎是不会繁荣起来的。我们在这里遭受失败的原因很明显：上海把一切东西都吸引到他那儿去了”。[③]

但是宁波的地理位置，使它处于上海外贸埠际转运的强大辐射之下的同时，又位于香港外贸转运辐射圈的边缘，并且可以直接对南洋开展贸易。1895年之前，宁波对香港和南洋的贸易发展并不显著，主要依赖上海外贸埠际转运，香港是对沪甬间外贸埠际转运变化影响最大的因素，但并不居于主导。1896年之后，随着进口商品结构的改变，宁波不但从香港进口洋货增多，由南洋的直接进口也增多。20世纪20年代后期，由香港和南洋的直接进口已成为宁波进口贸易的主导，上海的洋货转运影响则退居次要。

---

①上海社会科学院经济研究所、上海市国际贸易学会学术委员会编：《上海对外贸易》，第310页。

②［美］马士：《中华帝国对外关系史》第一卷，404～405页。

③B. P. P.：*Returns of the Trade of the Various Ports of China, Down to the Latest Period*, p. 45.引自姚贤镐：《中国对外贸易史资料选辑》第一辑，第619～620页。

然而这一变化并不意味着宁波摆脱了对上海外贸转运的依赖。应该看到，宁波对欧美的直接进口一直非常有限（见表4-3），始终无法发展直接对欧美的远洋航线，对欧美的贸易主要经上海转运。宁波直接进口比重的增长，并不是因为直接进口能力提高，远洋航线增辟，而是进口商品结构的变化造成的。20世纪20年代之前，主要由欧美进口的鸦片和棉制品是宁波进口洋货的最大宗，因此宁波的直接进口始终未超过50%。当由香港和南洋进口的粮食跃居宁波进口洋货首位，宁波直接进口比重才随之超过上海转运的比重。从出口方面来看，宁波的直接出口能力始终停滞不前，几乎全部依赖上海的土货外贸埠际转运。

综而论之，宁波对外贸易对上海外贸埠际转运依附性很强，尤其在出口转运上，体现了上海对长江三角洲口岸的强大的外贸辐射力。不仅宁波，整个浙江省都依附于上海的外贸埠际转运之下，“浙江之重要都市均以国际市场之上海为总汇之枢纽，土产既运上海出口，外货亦由上海购入”①。

①实业部国际贸易局：《中国实业志——浙江省》，实业部国际贸易局1934年出版。第三编“商埠及都市”，第1页。

第五章

外贸埠际转运与上海多功能经济中心地位

第一节　从外贸埠际转运的下降看上海外贸中心和工业中心地位

一、上海始终是全国外贸中心

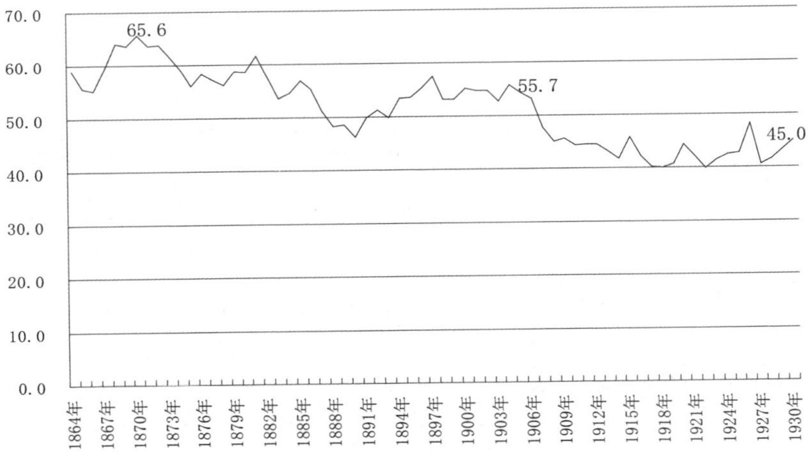

图5-1　上海外贸总值占全国外贸总值比重图(1864—1930)

数据来源：根据《中国旧海关史料》历年数据整理。

说明：(1)上海外贸总值=上海洋货进口值+上海本口土货出口国外值+上海土货复出口国外值;(2)全国外贸总值=全国进口洋货值+全国出口土货值。

1864—1930年间，上海外贸总值由55722851海关两增长到992409356海关两，增长了16.8倍，在全国外贸总值中的比重则呈下降趋势。以1904年为界，1864—1904年间，上海外贸总值在全国外贸总值中的比重年平均为56.1%，最高值在1870年达到65.6%；1905—1930年间，这一比重年平均值降为44%。但上海仍是全国最大的外贸口岸，在全国外贸总值中的比重始终保持在40%以上，国内其他口岸无一能及，上海始终是在中国对外贸易中举足轻重的全国外贸中心。

二、从外贸埠际转运看上海外贸性质的改变

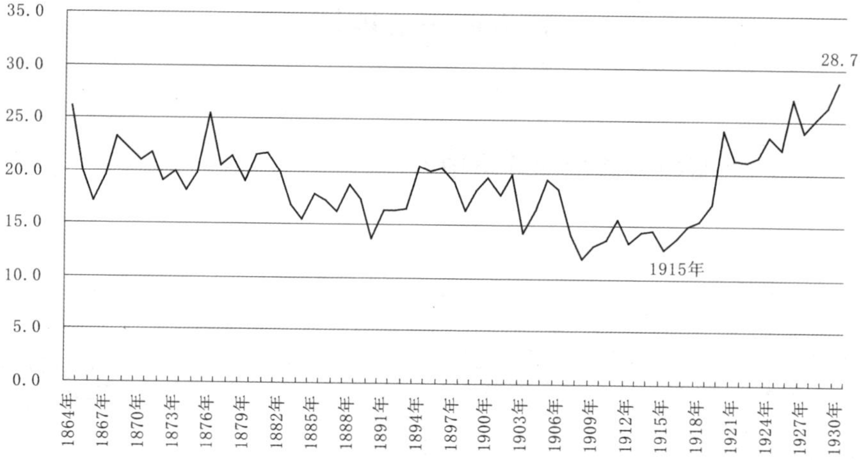

图5-2　上海自身的消耗与输出占全国外贸总值比重图（1864—1930）

数据来源：根据《中国旧海关史料》历年数据整理。

说明：（1）上海自身消耗取上海进口洋货净值，上海自身输出取上海本口土货出口值；（2）全国外贸总值=全国进口洋货值+全国出口土货值

1864—1930年间，上海始终保持着全国外贸中心的地位，但是其外贸埠际转运在全国外贸中的比重由最高值43.9%降为1930年的15.9%，

1930年的上海已退化为华中地区的外贸转运中心（详见本文第二章论述）。上海对外贸易的内容发生了重大的改变，其之所以还能够维持全国外贸中心的地位，不是依靠外贸埠际转运，而是其自身在对外贸易中消耗与输出的增长。如图5-2所示，上海自身的消耗与输出在1864—1915年间占全国外贸总值比重年平均为18.2%，1915年后这一比重持续上升，1930年已达28.7%，接近1/3。正是上海自身消耗和输出的增长，使得上海尽管外贸转运大为下降，仍能在全国外贸中维持最高比重。

三、对外贸易中上海工业中心对外贸中心地位的支持

考察上海自身消耗和输出的具体内容，便可以看出在对外贸易中，上海工业中心对其外贸中心地位所给予的强大支持。

上海自1843年对外开埠后，外国资本主义在未经中国政府许可的情况下，便擅自在上海开办起了近代工厂。1894年前，外资工业主要集中在为进出口贸易服务的船舶修造以及缫丝、棉花、制蛋、打包等出口加工工业方面。同一时期，在清政府洋务运动的影响下，江南制造局、上海织布局等官办工业企业开始兴起，私人民族资本工厂也开始出现，但为数尚少。甲午战争后签订的《马关条约》正式允许外资在华设厂，掀起了外资设厂的高潮，并且集中地兴起于上海。据统计，1895—1911年间，全国共开办资本在10万元以上的新设外资工厂91家，上海开设的为41家，占全国45%以上。[①]在外国资本在沪大批设厂的刺激下，私人民族资本工厂也不断开设，掀起了民族棉纺织工业的第一次投资热潮，[②]同时一些颇具规模的丝厂、面粉厂、造纸厂等也相继在上海设立。1895—1911年间，上海开设的本国资本工厂占全国本国资本工厂总数的

①汪敬虞编：《中国近代工业史资料》第二辑，科学出版社1959年版，第711页。
②徐新吾、黄汉民主编：《上海近代工业史》，第94页。

13.5%。[1]上海工业自1895年至20世纪初已具有一定规模，1902—1911年间，“上海的特征有了相当大的变化，以前它几乎只是一个贸易场所，现在它成为一个大的制造业中心”[2]。第一次世界大战期间，进口洋货锐减，上海民族工业因此获得了发展的“黄金时代”，日、美等国也趁欧洲国家忙于参战，加快了对华投资发展工业的速度，上海的棉纺织业、缫丝业、卷烟业、面粉业均得到了进一步发展，从而奠定了上海全国工业中心的地位。上海作为全国工业中心的发展，也体现在了上海对全国的埠际贸易影响上。

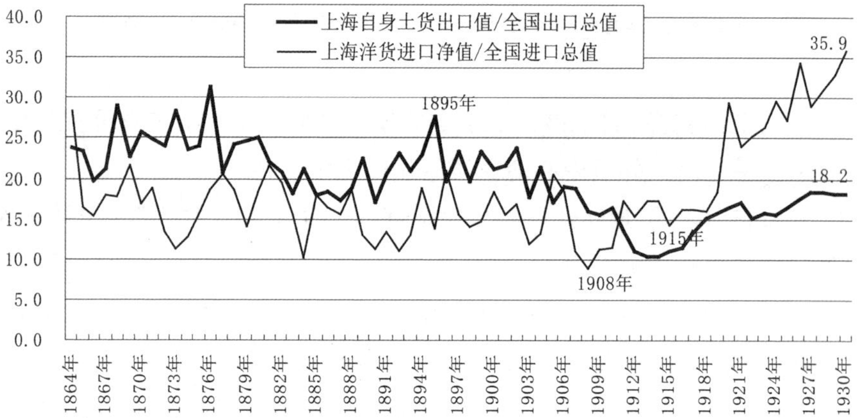

图5-3　上海自身消耗与输出占全国外贸总值比重图（1864—1930）

数据来源：根据《中国旧海关史料》历年数据整理。

如图5-3所示，从进出口两方面分别来看，上海洋货进口净值在全国进口总值中的比重在1908年后持续上升，1930年已升至35.9%。上海

①陈正书：《试论上海近代工业中心的形成》，《上海史研究》第2辑，学林出版社1988年版，第215～216页。

②徐雪筠等译编：《上海海关十年报告译编》，《海关十年报告之三（1902—1911年）》，第158页。

自身土货出口值在全国出口总值中的比重在1895年后出现了一个下降过程，1915年后开始有所回升，到1930年在全国出口总值中占18.2%。上海自身消耗进口洋货在全国进口中的增长表现得尤为明显，这与上海工业发展对原料、燃料及机器等商品的大量需求密切相关。随着工业生产的发展，上海工业生产所需的原料、燃料及机器等商品，大量由国外进口，并留存上海本地供工业生产消耗。如表5-1所示，1930年上海进口净值中原料、燃料及机器类商品已占36%。

表5-1　上海自身消耗原料、燃料及机器类商品表（1915—1930）

年份		棉花	小麦	烟叶烟梗烟丝	煤	机器及零件	合计占上海进口净值比重（%）
1915年	上海进口值（海关两）	6292392	195	512106	4678573	2099866	
	自身消耗值（海关两）	6014479	195	494360	3253830	1903088	
	占进口净值比重（%）	95.6	100.0	96.5	69.5	90.6	17.9
1923年	上海进口值（海关两）	46392659	7681825	10682620	7706740	12710601	
	自身消耗值（海关两）	45471160	7638591	6945254	6469268	10295764	31.5
	占进口净值比重（%）	98.0	99.4	65.0	83.9	81.0	
1930年	上海进口值（海关两）	118088945	11238397	25758084	11729520	25523513	

续表

年份		棉花	小麦	烟叶烟梗烟丝	煤	机器及零件	合计占上海进口净值比重（%）
1930年	自身消耗值（海关两）	107186524	11238397	20086459	8704475	22697904	
	占进口净值比重（%）	90.8	100.0	78.0	74.2	88.9	36.1

数据来源：1915年数据来自《中国旧海关史料》相关年度分册江海关统计数据。1923、1930年数据来自《中华民国海关华洋贸易总册》相关年度分册江海关统计数据。

棉花、小麦、烟叶等生产原料的增长，是上海棉纺织业、面粉业与卷烟业发展的体现。上海是全国棉纺织业的中心。1919年，上海华资纱厂有纱锭216236枚，占全国华资纱厂纱锭数的32.8%；1930年，上海华资纱厂纱锭数增至874446枚，占全国华资纱厂纱锭数的36.3%。[①]上海棉纺织业所需的棉花除了由国内供应外，还需要从国外大量进口，因为华资纱厂纺的主要是低支棉纱，原料需用国产棉与印棉或美棉混纺，"国产棉如不同进口棉混纺就不能纺出比20支更细的纱来"[②]。上海本地消耗的进口棉花增长尤为明显，1930年的进口净值已是1895年的近三倍。

上海工业发展以轻工业为主，重工业规模很小，所需机器设备均需由国外进口。上海海关曾在20世纪20年代对270家经营较好的工厂进行了一系列调查，其中有146家有国外进口的机器，8家有上海仿制的进口机器，77家兼有中外机器，只有39家工厂用的是中国旧式的设备。[③]除机器外，上海进口的电器材料、钢铁五金、安尼林染料等其他工业所需

①严中平：《中国近代经济史统计资料选辑》，科学出版社1955年版，第107～109页。
②徐雪筠等译编：《上海海关十年报告译编》，《海关报告之四（1912—1921）》，第211页。
③徐雪筠等译编：《上海海关十年报告译编》，《海关报告之五（1922—1931）》，第280页。

生产资料也成倍或数倍地增长，上海进口的这些商品要占全国进口总数的60%—70%，[①]其中大多数留存本地消费。

可见，上海全国工业中心地位的兴起，使上海本地对于原料、燃料及机器等生产资料的进口和消费大量增加。

上海出口的工业制成品也逐渐增多，面粉出口量自1916年起便常占全国出口总量的60%—70%，1920年更高达83.7%，[②]但主要运销香港及安南、新马、荷印、缅甸、菲律宾等南洋地区，仅占上海生产面粉的一小部分，上海生产的面粉大部分销往国内市场。[③]上海的纱厂尤其是华厂生产的纱布，也大都行销国内。20世纪20年代末，由于内地不宁，银价跌落，才“逐渐出口运销到亚丁及近东各地”。[④]因此与上海进口净值占全国进口总值比重大幅提升相比，上海自身土货出口值占全国出口总值比重的增长幅度较小。尽管如此，1915年后上海自身土货出口值在全国出口总值中占据的比重一直呈上升趋势，由1915年的11.0%增长到1930年的18.2%，在一定程度上阻止了上海外贸总值随外贸埠际转运值一同减少的趋势。

四、埠际贸易中上海影响力由外贸中心向工业中心的转化

20世纪上半叶，上海全国外贸转运中心地位逐渐走向衰微，上海虽然仍是全国外贸中心，但在国内埠际贸易中对其他口岸的外贸转运影响已显著下降。随着上海工业的发展，内贸埠际直运取代了之前外贸埠际转运的地位，上海开始以另一种埠际贸易方式对全国口岸产生强大影

---

①上海社会科学院经济研究所、上海市国际贸易学会学术委员会编：《上海对外贸易》，第194页。

②同上，第461～462页。

③徐雪筠等译编：《上海海关十年报告译编》，《海关报告之五（1922—1931）》，第278～279页。

④同上。

响，显示出其多功能经济中心的性质。在这种贸易往来中，主要是上海将自身工业制成品输往其他口岸供其消费，而其他口岸将原料运往上海供其生产。

如果以全国各口岸土货进口净值总和作为全国内贸的土货实际流通值计算的话①，1929年上海内贸埠际直运值在全国内贸总值中所占的比重已达到63%，其中上海本口土货出口所占比重尤为明显。1871年，上海本口土货出口值为10879086海关两，1929年已增至314381402海关两，在全国内贸总值中的比重也由26.2%增长到45.7%。上海土货进口净值的比重增长则稍显迟缓。

表5-2　上海内贸埠际直运占全国内贸值比重表（1871—1929）

年份	全国内贸值（海关两）	上海本口土货出口国内值（海关两）	上海本口土货出口国内值/全国内贸值（%）	上海土货进口净值（海关两）	上海土货进口净值/全国内贸值（%）	上海内贸埠际直运占全国内贸比重（%）
1871年	41569737	10879086	26.2	7300065	17.6	43.8
1881年	57125327	14147648	24.8	8576981	15.0	39.8
1892年	76717666	15028496	19.6	8517253	11.1	30.7
1901年	125454462	26044069	20.8	14216377	11.3	32.1
1910年	184349563	32196847	17.5	24890218	13.5	31.0

①海关统计中关于国内各口岸间土货贸易值的数据有土货由国内口岸进口值、本口土货出口国内口岸值、土货复出口国内口岸值和土货进口净值，其中前三项都包含了可能会再复出口国外或国内其他口岸的部分，高于国内实际流通的内贸土货值。而各口岸土货进口净值项，已减去了各口岸进口土货中复出口国外和复出口国内其他口岸的部分，是各口岸土货实际消费值。全国各口土货进口净值的总和，较能反映全国内贸的土货实际流通值，因此此处取历年全国各口岸进口净值的总和作为该年全国内贸值，对上海内贸埠际直运在其中的地位进行讨论。

续表

年份	全国内贸值（海关两）	上海本口土货出口国内值（海关两）	上海本口土货出口国内值/全国内贸值（%）	上海土货进口净值（海关两）	上海土货进口净值/全国内贸值（%）	上海内贸埠际直运占全国内贸比重（%）
1916年	238145653	67150432	28.2	34432024	14.5	42.7
1919年	338649915	137702580	40.7	53421955	15.8	56.4
1925年	607536359	255255066	42.0	113037033	18.6	60.6
1929年	688638001	314381402	45.7	119348666	17.3	63.0

数据来源：根据《中国旧海关史料》历年数据整理。

说明：（1）全国内贸值为各口岸土货净值总数，见《中国旧海关史料》历年“通商海关贸易货价计值关平银按关全数”表（Value of the Whole Trade of Each Port）；（2）上海内贸埠际直运=上海本口土货出口国内值+上海进口土货净值。

从商品结构来看，上海出口国内的本口土货内容有了性质上的改变（见表5-3）。在1895年之前，绸缎、棉花、大米构成了上海出口国内本口土货的主体，而大米主要是由于上海承担海运漕粮的任务，并不属于商品流通范畴。1895年前虽然已有外资企业置清政府严禁外国设厂的规定于不顾，在上海擅自设厂，但外资工业以服务于对外贸易的船舶修造业为主，缫丝、印刷、饮食、卷烟等行业中只有少数几个厂，民族资本工业也还没有开始真正的发展，因此1895年前上海本口土货出口以农产品和手工业品为主，在全国内贸中影响并不十分大。①《马关条约》签订后，外国资本工业投资掀起了高潮，上海民族资本工业也在棉纺织业、缫丝业、面粉业等方面开始扩展。②1910年后，随着上海民族资本工业发展黄金时代的到来及外资工业的进一步发展，上海面粉业、卷烟业及

①徐新吾、黄汉民主编：《上海近代工业史》，上海社会科学院出版社1998年版，第21页。
②同上，第79页。

棉纺织业得以快速发展，上海在全国内贸中的出口商品结构完全体现了这一时期三大工业行业发展的结果，棉纱、机制面粉、纸烟在上海出口国内的本口土货中已上升为主体。上海纺织工业在全国始终占据主导地位。而上海的纱厂，尤其是华厂生产的纱布，大都行销国内市场。[①]其中"以烟台、营口、青岛、天津各口为大，闽、浙、粤各省各口次之，长江一带又次之，本埠则行销无已"[②]。作为全国仅次于东北的面粉生产中心，上海各厂生产的面粉也几乎全部销于国内。[③]如表5-2所示，上海这些产品的输出在全国内贸流通中已占据非常重要的地位，体现了上海作为全国工业中心在埠际贸易中对其他口岸的影响力。

表5-3　上海本口大宗土货出口国内表（1875—1930）

主要商品	1875年	1895年	主要商品	1915年	1930年
绸缎（海关两）	2032168	3048572	棉纱（海关两）	20205540	125435719
棉花（海关两）	3452078	2137542	机制面粉（海关两）	10119803	33844950
大米（海关两）	1521410	12233710	纸烟（海关两）	2266960	86622781
合计（海关两）	7005656	17419824	合计（海关两）	39678579	278632918
本口土货出口国内总值（海关两）	9617333	21930216	本口土货出口国内总值（海关两）	58036027	371086426
占本口土货出口国内总值比重（%）	72.8	79.4	占本口土货出口总值比重（%）	68.4	75.1

数据来源：根据《中国旧海关史料》历年数据整理。

①徐雪筠等译编：《上海海关十年报告译编》，《海关报告之五（1922—1931）》，第278页。
②《东方杂志》第7卷，第9期。
③徐雪筠等译编：《上海海关十年报告译编》，《海关报告之五（1922—1931）》，第279页。

上海留存本地消费的进口土货也发生了很大的变化（见表5–4）。19世纪后半叶，其他口岸运来上海的土货中，上海留存本地消费的以茶叶、糖、烟丝为主，19世纪末又增加了土产鸦片。随着上海工业的发展，20世纪上半叶，棉花、小麦、烟丝烟梗、煤等工业原料与燃料，成为上海进口土货消费的最大宗。正如上海海关十年报告所述：“上海凭借其地理位置控制着一些必不可少的工业基本原料，这些原料来源是稳定的。”[①]1914—1921年间，上海的面粉厂由8家发展到21家，已经占全国面粉厂总数约1/3。上海各厂所用的小麦来自国内各地，津浦铁路沟通北方产麦各省，为上海的面粉工业提供了发展的动力。[②]上海棉花的进口增长非常迅速，1915年仅有6985947海关两，1919年已增至21107289海关两，1930年更增至51549944海关两。上海棉纺织业利用一战良机发展迅速，在全国占据主导，全国内贸流通的棉花也以上海为指向，源源不断流向上海，供应其棉纺织厂的生产所需。随着卷烟业的发展，上海对烟叶的需求量也大增，河南的许州叶、山东的青州叶、安徽的凤阳叶、浙江的桐乡叶、广东的南雄叶及江西的广丰叶均成为上海卷烟工业所需原料。[③]随着工业的发展，上海对土货的消耗能力在全国内贸中逐渐突出起来，消耗的土货中以工业原料和燃料居多，体现了上海对其他口岸土货流通的牵引力。

表5–4　上海本地消耗的大宗进口土货表

主要商品	1875年	1895年	主要商品	1915年	1919年	1930年
茶叶（海关两）	1356709	888275	棉花（海关两）	6985947	21107289	51549944

①徐雪筠等译编：《上海海关十年报告译编》，《海关报告之五（1922—1931）》，第278页。
②同上，第278～280页。
③方宪堂主编：《上海近代民族卷烟工业》，上海社会科学院出版社1989年版，第80页。

续表

主要商品	1875年	1895年	主要商品	1915年	1919年	1930年
糖（海关两）	1668958	1673299	小麦（海关两）	3473329	5736419	3085904
烟丝（海关两）	799988	765097	煤（海关两）	1868810	4510098	16469499
四川鸦片（海关两）	*	2244550	烟叶烟丝烟梗（海关两）	*	5268004	11603164
合计（海关两）	3825655	5571221	合计（海关两）	12328086	36621810	82708511
上海土货进口净值（海关两）	7499399	9493575	上海土货进口净值（海关两）	38864090	53421955	141357875
占上海土货进口净值比重（%）	51.0	58.7	占上海土货进口净值比重（%）	31.7	68.6	58.5

数据来源：根据《中国旧海关史料》历年数据整理。

说明：*表示该项土货当年在上海进口土货净值中并不属于大宗商品。

20世纪上半叶，随着各口岸的发展壮大及全国贸易国别的改变，上海外贸埠际转运的影响已趋向衰微，到1930年，对国内其他口岸的中转影响已经很有限了。但随着上海工业的发展，上海内贸埠际直运在全国埠际贸易中的影响继之而起，体现了上海作为全国工业中心对国内其他口岸的强大影响，这一过程反映了上海在国内埠际贸易中的影响力由外贸中心向工业中心的转变。

第二节　从外贸埠际转运看上海航运中心地位

在上海与各口岸的外贸埠际转运中，航运条件是一个重要因素。天津、汉口、宁波各口岸对上海外贸埠际转运依赖程度的变化，与各口岸开展直接航运的情况及其与上海间的航运关系直接相关。上海对全国口岸的外贸埠际转运，之所以能够在相当长的时间内保持着强大的影响力，与其作为全国航运中心密切相关。

一、各口岸开展直接航运面对的不同情况及其与上海间的航运

（一）天津

天津开埠后的相当长时间内，与国外的直接航运开展得很不顺利，其最大的困难就是大船无法进入港口，穿越海河河口的大沽坝需经过的航道有3里之长，涨潮时只有吃水12呎的船才能驶入，吃水13呎的就很难驶入了。此外，海河每年冬季均有封河期，每年约在12月10日即于大沽处封冻，第二年3月10日左右才重新开河，这也成为天津开展直接对外航运的不利因素。有时海河骤然封冻，甚至有船只被冻在其中无法行驶，只得困在河中过冬。[①]港口本身的条件限制了天津对外直接航运的开展，使其不得不依赖上海的外贸转运，这对天津洋商是十分不利的，因此天津洋商迫切希望天津能够发展对外航运，以便其开展直接对外贸易。

1867年，名为“女皇”号的船首次由英国直抵天津，满载棉货与

① 吴弘明整理：《津海关年报档案汇编》上册，“1880年天津贸易报告”，第194页。

绒货，天津商人对其充满期待。①结果证明直航显然“远过于最为乐观之期望”，因此第二年又有3艘来自英国的船直抵天津，运来棉布、羽毛、洋针、火柴等货品，同时另有5艘船正由英国驶向天津。②天津的公司及商人也发现从中获利远高于以往经上海转运所得，直航运来的货物进一步增多，直接贸易一度显得举足轻重。③然而，直航计划很快受挫，如表5-5所示，由英国直航的船只数目一度达到8艘，但很快便恢复了原来的2—3艘，主要原因还是远航的货船太大，无法逾越大沽坝，“此计划之未遂，职由于船只其大足以远航，于货运则迅捷而稳妥者，却无以逾越大沽坝，在彼驳运货物既危险且又耗资。迄今到埠之船悉皆小吨位者，所卸之货多少有所损伤”④。

表5-5　1868—1872年英国直抵天津船只表

1868年		1869年		1870年		1871年		1872年	
只数	吨数	只数	吨数	只数	吨数	只数	吨数	只数	吨数
3	1588	8	3173	5	2318	3	2517	2	707

数据来源：吴弘明整理：《津海关年报档案汇编（1865—1911年）》上册，第138页，“1870—1872年天津贸易报告”。

海河和大沽坝不利航行的状况在1900年前始终未得到很好的解决，直到1897年，海河仍然淤浅严重，不但轮船不能到紫竹林，即便驳船也

① 吴弘明整理：《津海关年报档案汇编》上册，“1867年天津贸易报告”，第62页。
② 吴弘明整理：《津海关年报档案汇编》上册，“1868年天津贸易报告”，第78、89页。
③ 吴弘明整理：《津海关年报档案汇编》上册，“1869年天津贸易报告”，第116页。
④ 吴弘明整理：《津海关年报档案汇编》上册，“1870—1872年天津贸易报告”，第138页。

只有半载才能驶到。[①]1892—1901年天津海关十年报告中对这一困扰已久的问题评价道："无疑，海河——天津通海之水路——的情况在过去整个十五年内在严重影响天津的商业情形普遍繁荣的问题上占有无比重要的地位。"[②]

直接航运的失败使天津仍不得不依赖上海的外贸埠际转运，这令天津的洋商大为失望，"天津作为洋货之进口大户，足可与原产国直接通商，此项前途远大之计划竟然失败，不特令人遗憾"[③]。因为由上海转运的轮船运费很高，虽然上海和天津相去仅700多哩，但是以轮船将英国制品由上海运往天津的运费，却约为帆船由英国去上海的两倍。[④]以本色市布为例将二者运费进行比较：

表5-6　英国—上海与上海—天津间本色市布运费比较表

	英国—上海	上海—天津
运费/吨	6.5两	9两
在沪装卸费及码头捐/吨	—	3.25两
总计	6.5两	12.25两

数据来源：吴弘明整理：《津海关年报档案汇编（1865—1911年）》上册，第42页，"1866年天津贸易报告"。

这么多费用，棉制品质良价高，还可以承担，如五金类则深受其

①吴弘明整理：《津海关年报档案汇编》下册，"光绪二十三年（1897年）天津口岸华洋贸易情形论略"，第68页。

②许逸凡译：《天津海关1892—1901年十年调查报告书》，天津市历史研究所编：《天津历史资料》，第4期。

③吴弘明整理：《津海关年报档案汇编》上册，"1870—1872年天津贸易报告"，第138页。

④吴弘明整理：《津海关年报档案汇编》上册，"1866年天津贸易报告"，第16页。

累。五金由英国运往上海的运价，每吨估为38先令，折银5000两，由上海至天津的运费，若半以轮船载运，按每担七钱计，半以帆船运送，按每担二钱计，则耗银6400两，还要加上在上海的装卸费，每担恐怕比一钱还高，“加起来的运费实在是五金贸易的一项沉重负担”①。

如果直接贸易成功开展，就可以节省这笔高昂的运费，“是故直接贸易似能助长该货之销数”②。然而在天津港口条件未得到改善、直接对外航运不畅的时期，天津仍不得不承受高昂的沿海轮船运费，依赖上海的外贸埠际转运。直到1897年天津海河工程局成立，才开始采取工程整治和疏浚维护的方法整治海河。航道条件的改善，使天津得以发挥作为北方重要沿海港口的优势，减轻了对上海外贸埠际转运的依赖。

（二）汉口

汉口位于长江中游，是中国最大的内河港口，但长江的航道并不适合远洋轮船的航行。在长江航运尚未开发时，英国人就对此有所认识：“过南京后，水道一直到太平都相当清楚，长江在这里分成两股，这才变得复杂起来——事实上，真正的困难可以说是从这里开始的。从太平到汉口的航道是危险的，到处都有浅滩、暗礁和激流等形成的障碍，其间还有一片片宽阔的沙洲和还通得过的航道。然而，当我们的远征队上驶时，几乎正是长江水位最低的时候。到春天，当山上的雪开始融化而引起河水暴涨时，这些困难的大部分一定会消失。汉口附近的河岸和其他地方都有测标，它们表明那时的江水比低水位时要高出35—40呎。在发生这种情形时，这样一大片的水冲下来所激起的水流，必然具有巨大的力量，除了轮船之外，任何船都不大能够逆流而行。因此，这条江对于商船来讲是否确实可以航行，尚待证实。”③

实际上，海轮要在冬季低水位时期到达汉口十分困难。1905年，日

---

①吴弘明整理：《津海关年报档案汇编》上册，“1866年天津贸易报告”，第31页。

②吴弘明整理：《津海关年报档案汇编》上册，“1869年天津贸易报告”，第114页。

③李必樟编译：《英国驻上海领事贸易报告汇编》，“领事罗伯逊1858年度上海港对外贸易报告”，第68页。

本大阪商船会社首开汉口至日本神户、大阪的江海直达航线，但往来日本的船只自每年5月初起，11月就必须停止，“因虑冬水浅涸，海船不能行驶自如也”①。因此在冬季水位低落的时期，汉口便面临着直接对外贸易的障碍。“货主们宁愿从上海发货，把上海当作长江流域唯一的整年对外通航的海港。”②

绕过好望角的远洋船舶也不适合在长江上航行，“因此大部分海轮不得不停在上海，而由内河轮船或中国本地的帆船来完成上海至汉口这一段航程”③。自20世纪初开始，汉口的直接进口已有大幅增长，1904年直接进口12815690海关两，与1901年相比已增长6倍，然而其中“除日本煤、苏门答腊散舱煤油并铁路物料外，其由上海转附江轮来者居六成”④。

直到20世纪20年代，海轮直抵汉口仍有困难，只有涨水的季节才能直接装卸。1922年有一艘挪威海轮平安驶抵汉口，载重5912吨，吃水36尺6寸，已属历年到汉口的轮船中最大的，可见汉口容纳大海轮的能力仍然很有限。因此汉口海关希望可以疏浚长江，使汉口成为一个深水口岸，“俾海轮可直抵此间……免由上海转船之周折”⑤。

货栈的设置是轮船运输的需求。以往民船靠港时，往往停留多日，所载货物多由货主自雇劳力装卸，不用货栈囤寄。而轮船装载量大，一船所载往往涉及十几家甚至几十家货主，要加快轮船的周转速度，必须配备相应的货物屯储周转设备。⑥汉口货栈匮乏，也是发展直接航运的障

①《光绪三十一年(1905年)汉口华洋贸易情形论略》,《中国旧海关史料》1905年分册。

②罗兹·墨菲:《上海——现代中国的钥匙》，第115页。

③［美］罗威廉著，江溶、鲁西奇译:《汉口：一个中国城市的商业和社会(1796—1889)》，第110～113页。

④《光绪三十年(1904年)汉口华洋贸易情形论略》,《中国旧海关史料》1904年分册，第201页。

⑤《中华民国十一年(1922年)汉口华洋贸易情形论略》,《中华民国海关华洋贸易总册》1922年分册，第30页。

⑥皮明庥主编:《近代武汉城市史》，中国社会科学出版社1993年版，第224页。

碍。“至缺乏货栈等困难，亦为发展之障碍。租界面积有限，非推拓江岸不足为添建栈房之用，此计画能否实行，尚属问题。此后谌家矶或将为海轮停泊之终点，职是之故，反对推拓江岸以增货栈之议者颇多，其议现时货栈等之设备，宜力求整顿，以应目前之需。且以鼓励海轮直接运输之业者亦不少，向例海轮货物每在船旁交卸，否则虽隔一日，亦须出劳力工资与栈租。至于用驳船卸货，则转折更多，而遇货物须运往江岸西端之栈房时，所费尤重。”①

汉口作为内河口岸，无法摆脱对上海外贸埠际转运的依赖。时人评价道：“汉口一埠乃内地之枢纽，与美国支加哥正复相同。盖其不处海滨，外国航轮，无由直达，只司集中土货，运沪出口，收纳洋货，散销内地，最为相宜。而且外商经营既久，亦知采购运输，终不如上海之便利。”②

（三）宁波

宁波对欧美的远洋航线一贯不发达，1864年来宁波装运货物的商船中只有3艘开往国外，浙海关对此十分不满，认为宁波“还非常像上海的郊区，上海从宁波接收进口货物，又向宁波港发送它的出口产品，尽管这样做要增加不少费用”。因此浙海关对宁波与欧洲的直接通航充满期待，“扬子江自由通航，蒸汽船在宁波港与汉口、香港之间的通航已将这个富裕邻城（译者注：指上海）紧锁的桎梏砸碎了许多。有朝一日宁波港繁荣兴旺了，它与欧洲有了直接联系时，这个桎梏将被彻底砸烂”③。遗憾的是，这一美好愿望并未实现。宁波并没有发展起直航欧美的航线，只有偶尔返程的轮船会从宁波带些回程货，如1884年有一艘经宁波返回欧洲的德国汽轮装载了一批草帽、杂货去勒阿弗尔或

①《中华民国十一年（1922年）汉口华洋贸易情形论略》，《中华民国海关华洋贸易总册》1922年分册，第30页。

②张克明：《汉口历年来进出口贸易之分析》，《汉口商业月刊》1935年第二卷第二期。

③《浙海关贸易报告集成》，《同治四年（1865年）浙海关贸易报告》，第99页。

汉堡。[1]直到1930年前，宁波与欧美等国家的远洋航运仍几乎没有进展，1927—1930年间，在宁波的直接进口中，来自欧美各国的直接进口仅占1.5%—3.3%。[2]

宁波直接对外航运始终集中在香港、南洋与日本，这对上海与宁波间的外贸埠际转运产生了直接影响。

港穗线是宁波的一条重要航线。自1873年开始，有4艘轮船行驶于上海、香港、广州之间，[3]19世纪70年代中期，每半个月即有船由广州、香港前往上海，中途停靠宁波，返回时则不再停靠宁波。这些船可从香港载运鸦片来宁波，还可运来糖、烟、荔枝、龙眼、藤器、扇等各种杂货。由宁波运回的皆是大宗出口货，如棉纱、草席和渣棉等纤维。[4]1879年，洋商西姆逊轮船公司在宁波与穗港间行驶了21个往返航程，19次是由穗、港去上海中途停靠宁波，运去1290担进口鸦片。[5]但是这条航线是不定期航线，西姆逊轮船公司的汽轮来去无定期。1881年来自穗港经宁波去上海的有6艘英轮，共计4902吨，德轮只有1艘，每年来宁波3次。[6]除轮船外，洋式帆船也从事宁波与香港的航运业，每年在香港和宁波之间行驶9个航次。[7]

由于地处东南沿海，宁波与南洋之间始终可以直接通航，主要是由南洋运来进口货物。宁波的南洋航线有：暹罗（泰国）至宁波，主要是输入大米，由宁波船承运；新加坡至宁波，主要输入糖和纸；锡兰（斯里兰卡）至宁波；苏门答腊至宁波，主要输入锡；菲律宾、柬埔寨、泰

①《浙海关贸易报告集成》，《光绪十年（1884年）宁波口华洋贸易情形论略》，第251页。

②蔡谦、郑友揆：《中国各通商口岸对各国进出口贸易统计（民国八年，十六年至二十年）》，第4～19页。

③《申报》，同治十二年十月二十日载禅臣洋行六月十二日广告。

④《浙海关贸易报告集成》，《同治四年（1865年）浙海关贸易报告》，第174页；《光绪四年（1878年）浙海关贸易报告》，第191页。

⑤《浙海关贸易报告集成》，《光绪五年（1879年）浙海关贸易报告》，第215页。

⑥《浙海关贸易报告集成》，《光绪七年（1881年）浙海关贸易报告》，第238页。

⑦郑绍昌主编：《宁波港史》，第219页。

国至宁波，由泰国船队承运。[①]

宁波与香港、南洋之间的航线，多属于不定期航线。当其运来的商品在宁波的进口中不居于主要地位时，这些航线对宁波的进口贸易影响不大；但是当其运来的商品成为宁波进口商品中的大宗时，这几条航线就开始发挥重要作用。20世纪20年代后半期，主要来自南洋和香港的米取代棉制品成为宁波进口商品的第一位时，由香港和南洋航线的直接进口甚至超过了由沪甬航线经营的上海外贸埠际转运。[②]只是这种影响主要是在进口方面，在出口方面并不显著，沪甬线仍承担着宁波其余部分的洋货外贸埠际转运，和几乎全部的土货外贸埠际转运。

由于宁波远洋航线的缺乏和宁波对上海外贸埠际转运的依赖，沪甬间的轮船航运始终是宁波航运的主体。“1884年宁波外贸统计资料中所有由洋轮载运之货物几乎全是经由上海，而且几乎是全部之出口货，不是转运之沿海其他口岸就是转运往外洋，而洋货之进口也是通过上海运来宁波。”[③]1881年进出宁波的轮船共354艘，总吨位309503吨，其中专驶沪甬线的为281119吨。直到1921年，除少数英美商轮从他口而来外，几乎全为往来沪甬船只。[④]沪甬航线在宁波航运中的重要性，是宁波对上海外贸埠际转运依赖性的体现。

沪甬间的航运与外贸埠际转运是相辅相成的。沪甬航线的经营越来越好，守时可信，使宁波商界、金融对发展沪甬间贸易更增强了信心，沪甬航线的营业也因而愈加蒸蒸日上。[⑤]而沪甬航线上的竞争，也对沪甬间外贸埠际转运产生了很大影响。宁绍轮船公司刚加入沪甬航线初期，宁波的直接进口比重本已有所增长，宁绍公司的加入使得沪甬间船只骤

①郑绍昌主编：《宁波港史》，第166页。

②详见前文第五章第一节关于沪甬外贸埠际转运变迁的论述。

③《浙海关贸易报告集成》，《光绪八年（1883年）宁波口华洋贸易情形论略》，第251页。

④《浙海关贸易报告集成》，《民国十年（1921年）宁波口华洋贸易情形论略》，第365页；《民国十五年（1926年）宁波口华洋贸易情形论略》，第383页。

⑤《浙海关贸易报告集成》，《光绪七年（1881年）浙海关贸易报告》，第238页。

增，“水脚从廉，是以经商者咸乐于转运”，因而使得上海外贸埠际转运比重得以在短期内有所回升。

除货运外，上海与宁波间的客运往来也非常密集。由于上海与宁波相去甚近，很多零售商常搭乘轮船自运自销。[①]沪甬间密集的航运往来，体现了宁波与上海间密切的外贸埠际转运关系。

二、上海全国航运中心地位

自19世纪50年代开始，上海先后开辟了多条远洋航线。1850年2月，大英轮船公司的“玛丽·伍德”号首次驶入黄浦，开始了上海到伦敦的定期航线。[②]1862年，法兰西火轮公司将轮船航线延伸到中国，1866年开辟了上海至日本横滨的航线。1865年，蓝烟囱轮船公司已经常往来于上海与英国利物浦之间。[③]19世纪60—70年代，上海外贸埠际转运与其远洋航运业的发展密切相关，当时“各国来华贸易之大号帆船及定期轮船，大多数仅以香港或上海为目的地，其余别埠输出之土货，大抵先用轻便之西式纵帆船、横帆船、鸭尾船等，运至港沪二处，再行转船出口”[④]。但这一时期欧亚间航线尚必须绕道非洲的好望角，航行不便，风险大，因此上海与欧洲间的远洋船舶还十分有限。

19世纪70年代，苏伊士运河通航，大大促进了上海与欧洲间远洋航运的发展。当时卡索尔、葛连、瓦特斯·密尔本公司每家都派大型轮船，“经常往返于上海和英国之间”。[⑤]1872年，北德轮船公司开始了每月一次经过苏伊士运河，往返于汉堡与上海之间的航线，中途停泊伦敦、

①［美］刘广京著，曹铁珊等译：《英美航运势力在华的竞争（1862—1874年）》，上海社会科学院出版社1988年版，第103页。

②汤志钧主编：《近代上海大事记》，上海辞书出版社1983年版，第11页。

③聂宝璋：《中国近代航运史资料》第一辑上册，第308～310、585页。

④班思德：《最近百年中国对外贸易史》，《中国旧海关史料》。

⑤聂宝璋：《中国近代航运史资料》第一辑上册，第316页。

新加坡等处。[①]除欧亚航线的开辟，1880年，美国远洋轮船运公司开办了旧金山到上海之间的直达航线，这是上海与太平洋上的西方国家间第一条远洋航线。[②]1875年，日本三菱邮船公司成立，开始在政府财政补贴的支持下控制并发展横滨、大阪与上海之间的运输。[③]

欧亚航线、太平洋航线和对日航线的发展，使上海成为中国远洋航线的集结点。19世纪下半叶，上海外贸埠际转运处于鼎盛时期，华北、东北和华中各口岸均需依赖上海的中转开展对外贸易，一个很重要的原因就是，当时“一切外国轮船，不论其最后的目的地是哪儿，它都要先开到上海”[④]。作为远洋航线的联结中心，沿海、沿江口岸多集中到上海进行贸易。同时，这些口岸与上海密切的外贸埠际转运联系也促进了上海沿海、沿江航运的繁荣。

19世纪六七十年代，在上海的外国洋行纷纷投资开办轮船企业，从事江海航运。1862年，美商旗昌轮船公司成立，并开始经营上海至汉口的长江航线，到1867年，已经垄断了上海与汉口之间的长江航运。[⑤]19世纪70年代，英商太古轮船公司和怡和轮船公司成立。1873年，中国轮船招商局成立。这些中外轮船公司创办后，先后以上海为基地开展沿海、沿江航运。19世纪末，上海已成为全国最大的轮船航运基地，其国际航线可直达北美、欧洲、澳洲及东南亚各国，沿海航线可通航南洋、北洋各港，并可溯江直达汉口、重庆。[⑥]与此同时，上海与周边口岸间的内河航运也日益兴旺，“内地通行小轮船，收费既廉，行驶亦捷，绅商士庶皆乐出于其途。沪上为南北要冲，商贾骈阗，尤为他处之冠，每日

①聂宝璋：《中国近代航运史资料》第一辑上册，第311页。

②聂宝璋：《中国近代航运史资料》第一辑上册，第306页。

③汪敬虞：《十九世纪西方资本主义对中国的经济侵略》，人民出版社1983年版，第265～266页。

④《北华捷报》1863年2月21日。

⑤刘广京：《英美航运势力在华的竞争（1862—1874）》，第75页。

⑥《上海港史话》编写组：《上海港史》（古、近代部分），上海人民出版社1979年版，第165页。

小轮船之来往苏、杭、嘉、湖等处者，遥望苏州河一带，气管鸣雷，煤烟聚墨，盖无一不在谷满谷，在坑满坑焉”①。

远洋航线的集中，为上海成为全国外贸中心创造了条件。与各口岸间密切往来的外贸埠际转运，又促进了上海沿海、沿江及内河航运的进一步繁荣。开埠以来的上海，借由外贸的发展，逐渐发展成为远洋、沿海、沿江及内河航运的集结点，1865—1911年间，上海航运业已经成为中国航运业的中心。②上海航运中心与上海外贸中心的发展相辅相成，并在上海的外贸埠际转运中发挥了重要作用。

第三节　从外贸埠际转运看上海商业中心地位

一、各口岸华商对外贸经营的掌握

在与上海联系密切的各口岸尚不能够完全独立开展对外贸易时，均需通过上海外贸埠际转运，也就是说，各口岸实际是以国内贸易的形式间接完成对外进出口的，而在这种“国内贸易”中，华商较之洋商更具优势，这使得各口岸的华商在最初的外贸经营中获得了一定主动权。

（一）天津

开埠初期，在天津经营沪津间洋货贸易的是天津的洋行，“天津的洋行通过上海的洋行购入洋货，然后再出售给经营洋货的中国商人”③。最初洋行从这种经营方式中攫取了高额利润。据载，一名洋商从1861年起，数年之间便积聚起大笔财产，不久便带着每年可以得到5000元利息

①《申报》光绪二十五年六月二十八日。

②熊月之主编：《上海通史：晚清经济》，第290页。

③罗澎伟主编：《近代天津城市史》，第196页。

的财产离开了天津。[①]但是这种经营方式只持续了几年时间，很快，天津的华商就熟悉了与洋船交易的方法，他们发现直接由上海购进洋货比通过洋行办理更加合算。于是华商跳过洋行，选择直接“于进口贸易之首埠上海置货”[②]。

以棉制品为例。天津进口棉制品的贸易，无论是天津的批发商还是内地的贩运商，都是通过在上海的代理商及其分号进货，绕开在天津的外洋代理行。天津经营棉布业的华商，进货多经过驻沪代理商。这些代理商不懂英语，因此还需委托中间商（多为宁波人）向外洋进口商批购。中间商与外洋进口商协定后即由上海向天津发货，提货单则交给天津代理商寄回天津的总行。19世纪60年代，这种天津在沪代理商约有10—12人。这些代理商由不同的商行派驻，在各自的商行领取薪水，但同时也可以为其他商行服务，年终时从中分取少量利润。[③]1866年，天津的进口棉制品“其一半多为在沪之天津代理商以及晋商所购”。[④]

沪津间的鸦片贸易也由天津华商操办。行情看涨时，华商即在上海采办鸦片，然后小批出售或自已担任推销员，不但更容易找到买主，而且可以避免洋行买办索取的佣金。因此，“以鸦片生意（其它生意亦然）论，华商通常较诸外洋竞争者更占优势”[⑤]。怡和洋行的詹姆斯·惠代尔为此抱怨道：“迄今为止，中国（鸦片）投机商在此已做了相当大的生意，以便再运到天津、汉口等地，这严重干扰了我们在这些口岸的贸易。”[⑥]天津的其他小宗进口商品如染料、火柴、针、煤、日本茶叶、海菜、五金及一些次要之杂货，虽然天津华商没有完全操纵，但洋行也无

①［英］雷穆森著，许逸凡、赵地译：《天津——插图本史纲》，《天津历史资料》第2期，天津市历史研究所1964年，第68页。

②吴弘明整理：《津海关年报档案汇编》上册，“1867年天津贸易报告”，第71页。

③吴弘明整理：《津海关年报档案汇编》上册，“1866年天津贸易报告”，第40页。

④吴弘明整理：《津海关年报档案汇编》上册，“1865年天津贸易报告”，第26页。

⑤吴弘明整理：《津海关年报档案汇编》上册，“1874年天津贸易报告”，第152页。

⑥惠代尔致波斯卫（香港），怡和档案，转引自［美］郝延平著，陈潮、陈任译：《中国近代商业革命》，上海人民出版社1991年版，第217页。

法获得绝对的控制权。[①]“洋货进口贸易之大部犹在华商掌握之中，无论其人为天津之批发商抑或内地之贩运商，照旧假手于在沪代理商及其分号进货”[②]，天津的洋行代理行和进口商均难从中获利。[③]

天津的出口则由洋商控制居多。天津出口的骆驼毛、猪鬃、羽毛等业务均由洋商控制。以骆驼毛为例，“骆驼毛之出口业悉皆操诸洋商之手”。由洋商赴蒙古采购，或在将驼毛贩至天津的华商手中购买，然后运往上海，由当地的买方，或者由洋行在天津的代理人即订货一方再行处理。由于骆驼毛只有约20%是在天津本地洁净打包，因此“似不宜将津商所占份额估计过高”[④]。

（二）汉口

早在1864年，汉口华商在棉纺织品进口贸易和运销上海茶叶的贸易中，就已开始与外商竞争，“劲敌已出现在那些把外国商品运往汉口的华商当中，他们因在当地不必维持开销甚大的机构，故能以较外商较低廉的价格脱手商品。此外，银行同某些代理行所给予的种种便利，使那些广东商人能在茶叶市场上与外商抗衡”[⑤]。1874年，汉口华商已基本掌握了棉纺织品的进口，“曼彻斯特货物的生意几乎完全落到了中国人手中，其最终结果将是中国内地商人在上海商人与银行的支持下，逐渐控制了洋货在内地的销售”[⑥]。汉口海关的H.E.霍布逊（Hobson）在他1870年1月31日的报告中曾对活跃于该埠的各帮华商加以描述：“经营鸦片的商人主要是广东帮，经营棉花和丝织品的为浙江帮，经营烟叶的全部是福建帮，至于经营茶叶、油、牛脂、毛皮等零杂商品的则几乎各省商人

---

①吴弘明整理：《津海关年报档案汇编》上册，“1880年天津贸易报告”，第196页。

②同上，第196页。

③吴弘明整理：《津海关年报档案汇编》上册，“1877—1879年天津贸易报告”，第175页。

④同上，第178页。

⑤《关册，1864年》（上海，1865年）汉口，第12页，转引自刘广京：《英美航运势力在华的竞争（1862—1874）》，第67～68页。

⑥*Commercial Reports from Her Majesty's Consuls in China*: *1874*，11卷，303。

都有。”①

华商绕过汉口直接到上海购买洋货，“使得西方人始终与汉口大部分商业活动相隔绝”。洋商主要集中在茶叶的出口经营上，1876年的汉口海关贸易报告记载：“我们必须承认，除了茶叶出口之外，汉口的贸易——包括来自上海的外国货物进口与本地货物的出口——已经完全落到了本地商人的手中。”②“汉口居留英国商人，为转运船舶银行保险，及输出一部分之事业，德俄两国商人，或输出牛皮、麻，输入军器，或制造蛋白质，制造砖茶，营银行业等，各自得意之处，黾勉劳力，而输入外来诸什货，其业举归中国商人之手。”③

（三）宁波

在宁波的对外贸易中，除鸦片外，所有洋货进口与土货出口均由华商垄断。这与沪甬间密切的外贸转运直接相关。

宁波商人在上海的商业与贸易中占据特殊的重要地位，上海的宁波商人与宁波本地的华商互通声气，联手经营，垄断了宁波的对外贸易。宁波的棉、毛织品，全部操纵在华商手中，而宁波的华商都是从上海进货的。④华商从上海进货无须支付佣金，因此可以有效地防止洋商分肥。⑤洋商虽也曾力争，但只属徒劳，“沪上匹头巨子与宁波之匹头商或以易货，或以照管待机等手段聪明，以至生意兴隆，利市三倍，而洋商徒呼奈何”⑥。上海的五金几乎全操纵在宁波商人手中，因此宁波五金的进口也全由两地的宁波商人掌握。1878年浙海关贸易报告中对此记载：“五金业这十五六年来之业务办理、交易之谈判、执行等等几乎是宁波、上

①《关册，1869年》（上海，1870年），第23页，转引自刘广京：《英美航运势力在华的竞争（1862—1874）》，第132页。

②A.诺维：《来自汉口的报告》，见海关总税务司：《中国通商口岸对外贸易报告》，第21页，1876年，转引自罗威廉：《汉口：一个中国城市的商业和社会1796—1889）》

③《湖北商务报》1899年第14册，《视察中国汉口复命书》（上），译《通商汇纂》。

④《贸易报告集成》，《同治五年（1866年）浙海关贸易报告》，第106页。

⑤同上，第104页。

⑥《贸易报告集成》，《同治九年（1870年）浙海关贸易报告》，第129页。

海两地间宁波老乡之事，绝少与洋商有什么往来。”[①]宁波的进口糖业全由华商包办，洋商无法插足。[②]只有鸦片的经营仍由洋商把持，中国人偶尔也会进口一两箱，对整个宁波鸦片市场来说却微不足道。[③]除鸦片经营，宁波在其他商品的贸易上几乎“如水银泻地无孔不入”。

宁波的茶叶出口以华商占大部分。1867年宁波的茶叶市场上除了几小宗平水茶有洋商主顾外，其他绝大部分去上海市场的宁波茶叶均是华商经营的。[④]除此之外，“还有许许多多宁波贸易中之土产，当地商人就了如指掌地供应上海市场，把洋商拒之门外”[⑤]。

二、上海外贸埠际转运对各口岸外贸经营状况的影响

天津、汉口、宁波等主要口岸外贸经营的这种状况，与和上海间的外贸埠际转运直接相关。天津的洋货贸易由华商操控，因“其货则取给于上海之大销场”[⑥]。汉口与上海间外贸埠际转运方便，其“外洋输入品，以与上海往复，仅一旬日间，汉口中国商人，自为联络，买卖授受，不敢劳外商，其状如福州中国商人直自香港输入货物”[⑦]。其他与上海外贸埠际转运关系密切的口岸也出现同样的情况。以牛庄为例，1860年设立的外商代理行大部分在两年内撤销，“牛庄的商号每年花费四十万两银子租赁外轮，往返上海运载货物，从而排挤掉外国的中间商”[⑧]。

因为华北、东北和华中各口岸的进出口以经上海外贸埠际转运为

①《贸易报告集成》,《光绪四年（1878年）浙海关贸易报告》，第196页。
②同上，第184页。
③《贸易报告集成》,《同治九年（1870年）浙海关贸易报告》，第130页。
④《贸易报告集成》,《同治五年（1866年）浙海关贸易报告》，第96页。
⑤《贸易报告集成》,《同治八年（1869年）浙海关贸易报告》，第123页。
⑥吴弘明整理：《津海关年报档案汇编》上册，“1885年天津贸易报告”，第232页。
⑦《湖北商务报》1899年第14册，《视察中国汉口复命书》（上），译《通商汇纂》。
⑧勒费窝著，陈曾年等译：《怡和洋行——1842—1895年在华活动概述》，上海社会科学院出版社1986年版，第45页。

主，无须直接与国外打交道，只需与上海的洋行交易即可，因此大可绕开本口的外商代理行，直接在上海进行交易。如上海是全国五金商品的集中供销市场，“天津、汉口等口岸，一般不直接向国外订购五金器材，而在上海设立申庄，向行业采办”[①]。华商在这类经营上确实比洋商更具优势。“中国人利用代理行所提供的各种辅助性服务，诸如银行、航运和保险，实际上加入了对外贸易的各个领域。他们共同集资，熟悉市场情况，并以最少的管理费用从事经营。”[②]上海的海关贸易报告中也记载：“在这种竞争中，中国人总占上风，因为他们具有一切便利条件，经营方式简单，生活简朴，手续费用不多。估计目前（上海）至少有30家商号与北方进行交易；有的拥有5万两到10万两银子的资本，他们在进行贸易活动时只雇用轮船。由于运输迅速，他们能够很快地和委托人结账——这就为进行贸易提供了极为便利的条件。”[③]一言以蔽之，“中国人认为，单以在他们自己国内采购商品这项活动而论，他们是最在行的了”[④]。

三、上海全国商业中心地位

上海始终是全国对外贸易的首要口岸，上海与各口岸间形成的密切的外贸埠际转运，使得近代中国出现了一个洋货由国外经上海输入内地和土货由内地经上海输往国外的购销网。同时，各口岸集中到上海进行进出口商品的交易，也进一步促进了上海商业的繁荣与发展，使上海成为全国商业总汇。

受对外进出口和对内外贸埠际转运的刺激和推动，上海出现了许多

①五金商业史编写组编：《上海近代五金商业史》，上海社会科学院出版社1990年版，第91页。

②［美］郝延平著，陈潮、陈任译：《中国近代商业革命》，第184页。

③Trade Reports，1865，附录，1.13，引自聂宝璋编：《中国近代航运史资料》第一辑上册，第539～540页。

④刘广京：《英美航运势力在华的竞争（1862—1874）》，第134页。

新式资本主义商业，如经销进口货的商业行业有洋布业、百货业、五金钢铁业、颜料业、西药业等，与出口相关的行业为丝业、茶业，还有专供出口商品的行业草帽辫行、牛皮栈、骆驼毛栈、羊毛栈等行栈。①

棉制品是当时中国除鸦片外最重要的进口商品，也是各口岸与上海间外贸转运的重要商品。19世纪七八十年代后，各口较大的商号纷纷来沪设立申庄或分号，经营当地的洋货贸易。如各埠棉布商纷纷来上海设立申庄，采购数量逐年上升，并形成了不同地区的商帮，范围较大的有天津帮、祥帮（实为北京瑞蚨祥）、东北帮（统称北帮，包括安东、大连、牛庄、哈尔滨、长春、沈阳、烟台、珲春等地区）、汉口帮、长沙帮、川帮（重庆、成都、万县等地）、江西帮（南昌为主，包括九江、景德等地）、福建帮（包括福州、泉漳、厦门等地）、广东帮（分广州、潮州、汕头等帮）、宁波帮等。"较大的客帮一次订购本色市布一二百包，花色货二三十箱不足为奇。"②这也促进了上海洋布店新的交易方式的产生，原来以门市零售为主的洋布店转向发展原件批发业务。③天津是上海棉布分销的重要对象，在上海棉布订货字号所销售的各地客帮中，"以天津帮数量最大"，其他各地客帮都居其次。④如向怡和洋行和泰和洋行进货的大丰字订货字号、向沙逊等洋行进货的元昌盛订货字号以及向丰裕洋行进货的成记订货字号，皆以天津帮为主要销售对象。

经营出口业务的各种栈号以上海为中心，由各地收购土货。在茶叶出口上，"每年由上海运销海外者，至少在十万箱以外，盖我国茶之出口，除茶砖以外，亦以上海为总汇地也"，其他出口土货"尚有棉花、面粉、蛋粉等，其由上海之出口额亦均在全出口额百分之六十以上，盖以装载便利，及出口洋商多在上海之故，各货遂多□集于此。"⑤

①张仲礼主编：《上海城市研究》，第128～134页。

②中国社会科学院经济研究所主编：《上海棉布商业》，第24页。

③同上，第23～24页。

④同上，第56页。

⑤武堉干：《中国国际贸易概论》，《民国丛书》第四编第31本，第371页。

1876年左右，上海的外国洋行已发展到200余家。[①]第一次世界大战前，更达到1000多家。英国、美国、日本、法国、德国、俄国、比利时、瑞典等各国相继在华开设洋行，经营对华进出口贸易。[②]商业机构的集中在一定程度上加强了上海对各口岸外贸埠际转运的影响力，上海海关1882—1891年的十年报告中指出："中国商人一年甚于一年地倾向于把上海作为中国北方贸易的商业中心……现在，中国人最大的商业机构几乎都设在这里。"[③]各大洋行以上海为立足点，在沿海和内地各处设立分支机构，经营对华贸易。汉口虽是长江通商口岸中仅次于上海的最大贸易中心，但"它总是跟上海，而不是跟伦敦进行交易，而且所有汉口的外国洋行和大多数的华商行号都是上海总行的分行"[④]。

新式商业的兴起、新的交易方式的形成、商业机构的集中与商业交易的密集，使上海发展为全国商业总汇，"依托于上海港内外贸枢纽港地位发展起来的上海商业，以其门类居多、设施先进、交易灵活、服务配套等优势，至19世纪末20世纪初初步奠定了中国商业中心的地位"[⑤]。

第四节　从外贸埠际转运看上海金融中心地位

一、与埠际贸易相关的金融往来

大量的埠际贸易流通离不开金融的支持，近代中国各口岸间的金融

①葛元熙：《沪游杂记》前言。

②张仲礼主编：《上海城市研究》，第200页。

③徐雪筠译编：《上海海关十年报告译编》，《海关报告之五（1882—1891）》，第34页。

④罗兹·墨菲：《上海——现代中国的钥匙》，第118页。

⑤戴鞍钢：《港口·城市·腹地——上海与长江流域经济关系的历史考察（1843—1913）》，第102页。

联系还处在比较初级的层面上，与埠际贸易关系最大的就是口岸间资金的流动，主要表现为汇兑和运现。

(一)汇兑

上海是中国对外贸易的枢纽，上海钱庄在为进出口商品流通提供融资方面起了特别重要的作用。①钱庄的庄票为华商与洋行间的贸易提供信用支持，华商可先取得钱庄提供的庄票，然后由买办做担保，将庄票付与洋行购票，洋行接到庄票后即可存入外国银行，并委托外国银行在庄票到期之日向钱庄收款，华商则在期票期限内设法将货物脱手，在庄票到期前将款项归还钱庄。②19世纪七八十年代，上海“出售的一切外国进口货都是以本地钱庄开的五天至十天的期票支付的”。③庄票其实起到了在口岸为华商垫款融资的作用。

洋货经上海运往其他口岸时，在本埠就可以用庄票这一支付工具，而在上海与其他口岸的埠际间往来则要用申票，钱庄汇票是申票的主体。上海的申票在上海与各口岸间与外贸埠际转运相关的商品流通中起了很重要的作用。如上海的商号到汉口办货，可以向素有往来的上海钱庄开具迟期兑付的汇票，至汉口后将此票卖给当地钱庄，取得现金购货。汉口钱庄则将该票加价卖给赴沪采购的商号，以供其进货之用，或邮寄抵还欠款。

在上海与各地的贸易中，票号也起了重要作用。“上海与国内各地交易繁盛，每年已有亿万两之巨额，而其转送正货所以极少者，赖有票号为之周转，而彼此用相杀法也。”④天津是票号的发源地。清乾隆末年，山西商人雷履泰在天津开设日升昌颜料铺，因需要到四川购买铜绿，颇

①杜恂诚:《上海金融的制度、功能与变迁》，上海人民出版社2002年版，第59页。

②上海人民银行上海市分行编:《上海钱庄史料》，上海人民出版社1960年版，第175～187页。

③姚贤镐:《中国近代对外贸易史资料》，第1566页。

④潘承锷:《中国之金融》上册，第52页，中国图书公司1908年版，引自黄鉴晖等编:《山西票号史料》，山西经济出版社2002年版，第59页。

感运输不便，于是在四川设分号，采取两地互相划拨的方法，既节省了运现费用，又可避免路途被盗危险。1797年，雷履泰正式成立日升昌票号，开创票号之始。[①]20世纪初之前，上海与天津保持着密切的外贸埠际转运关系，1864—1895年间，天津进口洋货中由上海转运的平均在75%以上，运往上海的土货占天津土货出口平均75.2%。两地票号间也因此过从甚密。1900年八国联军侵占天津后，造成天津银根奇紧，当局采取措施，限制现银出境，在《府县会衔告示》中特别强调了对津沪间贸易往来所需银两的处置："至津郡各商如有赴上海等处办货，应将资本银两交易票号，开给汇票持往办货。其现银理应仍由存放津号，遵章不准出境。该票号等并须将汇费格外少算，以期互相维持。"[②]

19世纪60年代，上海的外国银行也加入埠际汇兑中，但不是直接参与运作，而是为钱庄提供资金拆借，弥补了内外贸易与日俱增的情况下钱庄资本不足的缺点。"当时钱庄流动资本，大部取给于外商银行之拆票。外商银行之剩余资金，亦常以此为尾闾，且可由此推动国内贸易，以利洋货之畅销，并由此以操纵金融市场，使钱庄为其附庸。钱庄则赖此而周转灵活，营业可以推广，自属乐于接受。"[③]票号在太平天国失败后，由昔日集中的苏州转移至上海，也开始对钱庄实行拆款。"迨东南底定，上海商埠日盛，票号聚集于斯者二十四家，其放银于钱庄，多至二三百万两。"[④]19世纪70年代和80年代以后，山西票号和外国银行的拆款已成为上海钱庄流动资金的最重要来源。在上海金融市场上，外国银行、钱庄和票号三种金融势力并存，为上海的贸易提供金融支持。辛亥革命后票号逐渐衰落，本国银行兴起，与外国银行、钱庄构成

---

①杨荫溥：《中国金融论》，黎明书局1931年版，第274～275页，引自《山西票号的历史沿革》，第68页。

②《府县会衔告示》，《大公报》1902年10月14日，引自黄鉴晖等编：《山西票号史料》，第295页。

③上海人民银行上海市分行编：《上海钱庄史料》，第30页。

④《申报》1884年1月12日。

新的金融格局，继续为上海的埠际贸易提供支持。

（二）运现

上海作为全国的金融中心，是现金的最终集中地和分配地，其他城市剩余的现金均输送到上海，而各城市缺乏现金，也都从上海输入。各地从上海输入银圆的多少，大致视其对沪出口贸易的大小而定。①19世纪80年代，上海已占全国对外贸易“货物成交”和“款项调拨”总量的80%。②

天津开埠后相当长的时期内，出口商品十分有限，而自上海转运进口之洋货却数额巨大，以致天津虽成为中国最大的洋货销场之一，但在对外贸易上却存在着巨额逆差。因此天津自开埠以来便长期金银大量出超，1895年才初次出现入超，该年海关贸易报告即记载：“今年进口之银数除去出口之金数，尚盈三百四十九万一百四十八两，向来进口之数少于出口，而今年进口之数多于出口，是从未有也。”③在20世纪初之前，天津对外贸易主要依赖上海外贸埠际转运，因此其对外贸易的逆差，直接表现为天津与上海间的逆差，其运送出口的金银多运往上海。1899年，天津所有金、银出口“咸运往上海也”④。金银对上海的长期大量流出，使市场货币流通量减少，自然造成银根紧张，因此有学者认为这一点直接导致了天津金融基础的脆弱，对天津20世纪初数次金融风潮的爆发造成了一定影响。⑤

每年逢各地土产兴旺的季节，上海会调拨大量现银以供各口采办土货，运送出口。每年8月以后，天津各项土产正是兴旺之季，1923年

---

①张仲礼、熊月之、沈祖炜主编：《长江沿江城市与中国现代化》，第214页。

②汪敬虞：《19世纪外国在华银行势力的扩张及其对中国通商口岸金融市场的控制》，《历史研究》1963年第5期，第73页。

③吴弘明整理：《津海关年报档案汇编》下册，“光绪二十一年（1895年）天津口华洋贸易情形论略”，第57页。

④吴弘明整理：《津海关年报档案汇编》下册，“光绪二十五年（1899年）天津口华洋贸易情形论略”，第90页。

⑤龚关：《20世纪初天津金融风潮及其应对机制》，《城市史研究》22辑。

七八月后，天津“用款奇旺，运出尤多，其运往西北者，为收买粮食、皮毛之用；其运往鲁豫者，为收买棉花土货之用；又有洋商在张家口收集现洋，运往外蒙，约达三百余万元，以致现洋缺乏”，上海运来的现银便可缓解天津银根的紧张。1923年，“经金融界自沪宁两地，运现来津，为数达一千余万元之钜，市面始觉松动”。20世纪20年代自上海运来的现银常在1000万元左右。①

上海每年也运大量现银往汉口，供市面采购土货之用。上海现银供应不足时，会直接导致汉口进口洋货与出口土货购销的停滞。1923年秋冬之交，正是汉口洋纱、匹头、丝、麻、茶叶、棉花等交易发动之际，附近各镇农产品收成极好，汉口银根却非常紧张，正值上海也是银根奇紧，“申汇奇涨，沪现来源，因之告绝。汉埠金融市场，遂成一洋银两荒之象”②。可见上海对汉口金融和贸易影响之大。

二、上海金融中心地位

对于上海金融中心地位，杜恂诚做过深入的研究。他认为20世纪20年代，中国已形成两个金融中心，北京是财政金融中心，上海则因是中国对外贸易的咽喉，而成为全国商业金融中心。20世纪20—30年代，总行本设在北京的银行纷纷将总行迁到上海，北京财政金融中心渐渐消失，只剩下上海一个商业金融中心，后来又成为南京政府的财政金融中心，两个中心合而为一。20世纪30年代，上海已符合一系列成为全国金融中心的条件。③

上海成为全国金融中心，与其全国进出口贸易中心的地位密不可分。正是由于上海外贸始终占绝对优势，为外贸服务的金融业才随之基

---

①杨荫溥：《杨著中国金融论》，黎明书局1936年版，第298～300页。

②同上，第342、349页。

③杜恂诚：《上海成为近代金融中心的充要条件》，《学术季刊》1995年第1期。

础深厚。故有论："（上海）以地势言，则踞中国之门户，处华洋贸易之要冲；以商场言，则为全国之首屈；其在本国金融上之地位，足以为其他津汉等金融市场之领袖，实有无可异议之事实在也。"①

戴鞍钢先生也曾指出，上海开埠后繁盛的内外贸易所提出的大量资金融通需求，促使了晚清上海金融业的勃兴，并形成外资银行和中国钱庄、票号互为援手、鼎足而立的基本格局，推动了上海贸易金融中心地位的形成。②根据本文的研究，晚清时期正是上海外贸埠际转运在全国的鼎盛时期，1864—1904年间，上海外贸埠际转运在全国外贸中平均比重为36%，最高达到43.9%。这一时期华北的中心口岸天津、华中的中心口岸汉口尚不具备独立开展对外贸易的能力，其出口土货均需运往上海转运出口，洋货也需经上海转运进口，在上海进出口的商品中"多数是转口的进口商品，以及从内地口岸装来供出口的土产"③。因此与国内各口岸间的外贸埠际转运在相当长时间内，是上海口岸贸易的主体部分，促进了为贸易服务的金融业的发展，为上海日后成为全国金融中心奠定了基础。

第五节　本章小结

1864—1930年间，上海外贸埠际转运在全国的地位已由鼎盛转为衰微，上海却仍然能保持全国外贸中心的地位，正是因为上海工业中心的兴起给予外贸中心以强有力的支持。在对外贸易上，上海工业中心的兴起使得上海本地的消耗与输出增长，保证其外贸总量能够始终维持在

①杨荫溥：《杨著中国金融论》，第20页。

②戴鞍钢：《口岸贸易与晚清上海金融业的互动》，《复旦学报》（社会科学版），2003年第2期。

③李必樟编译：《英国驻上海领事贸易报告汇编》，"参赞威妥码附于1864年度上海贸易统计表的备忘录"，第80页。

全国最高的水平；在对内埠际贸易上，上海对其他口岸的原料输入以及工业品的输出所占的高份额，都体现了其全国工业中心的牵引力和影响力，使得上海在对其他口岸外贸埠际转运影响下降的同时，仍能在全国埠际贸易中保持强大的影响力。应当看到，上海工业的兴起也与其外贸的发展密不可分。上海最早兴起的船舶修造业以及出口加工业正是与其外贸发展紧密相联的，为其工业中心的发展奠定了重要的基础。而当上海工业中心发展起来后，又为其外贸发展提供了强大的依托，二者相互促进，相互补充。

上海因外贸而兴起，还促进了为外贸服务的航运、商业、金融的发展。外贸中心地位的确立，使上海成为集远洋、沿海、沿江及内河航线为一身的全国航运中心，航运上无可比拟的便利条件使得上海与各口岸更加紧密地相联。在相当长的时间内，多数口岸都是与上海间的外贸转运超过直接开展的对外贸易，这使得华商得以掌握本埠外贸中的相当一部分。各埠纷纷来上海开设申庄或分号，采办货物，经营上海与本埠间的外贸转运，也促使上海的商业愈来愈繁荣。新式商业兴起在上海，商人和买办聚集在上海，洋行以上海为大本营，使上海发展成为繁华的商业中心。为商业服务的金融也因之打下了深厚的基础。通过汇兑实现的资金融通与埠际清算，以及上海对各埠资金的划拨，为上海与各口岸间的外贸转运创造了条件，同时也促使上海的金融体系不断完善，为上海金融中心地位的确立奠定了基础。

在上海对外进出口贸易刚刚兴起的开埠初期，凡交通运输、商业经营、银行钱庄以及出口加工工业的发展都以其贸易发展为依托。因此，上海作为全国多功能经济中心的地位，具有以港兴贸，以贸促商、促工、促金的特点。外贸埠际转运是其中重要的一环，正是初期的上海全国外贸转运中心的优越地位，为上海多功能经济中心的发展奠定了雄厚的基础。而当上海发展为多功能经济中心后，其不同的经济功能之间又起到了相互支持和促进的作用，更进一步促进了上海贸易的发展和经济的繁荣，使其始终得以保持在全国经济中的强大影响力。

第六章

结　语

一、1864—1930年间，上海全国外贸转运中心的地位经历了由鼎盛到衰微的变化，全国口岸贸易格局因之改变

1864—1904年间是上海全国外贸转运中心的鼎盛时期。上海外贸埠际转运在全国对外贸易中占据36%左右的高比重，并以外贸转运网络连接着华北、东北及华中主要口岸，通过这些口岸将其影响力辐射到更为广阔的内陆腹地，于全国对外贸易大有牵一发则动全身之势，华南外贸中转枢纽港香港在全国的辐射区域及影响力远远不如上海。[①]因此将这一时期的上海比作全国对外贸易的心脏并不为过，上海与各口岸间大批货物的流转输送，恰如血管将血液输送至全身。自包括上海在内的第一批口岸对外开放以来，中国对外贸易正是在这种以上海为中心的流转输送之中逐渐鲜活起来。

1905—1930年间，上海全国外贸转运中心的地位逐渐衰微。随着全国对日贸易的兴起，东北和华北主要口岸转以直接对日贸易为主，与上海间的外贸埠际转运由紧密走向疏离，使上海外贸埠际转运的影响集中在以长江流域为主的华中地区。上海外贸埠际转运在全国外贸中的比重

①毛立坤：《晚清时期中外贸易的个案分析——以香港转口贸易为例》，《中国历史地理论丛》录用待刊。

也比前期大为降低。1930年的上海已不再具备通过外贸埠际转运辐射大半个中国的能力，由全国外贸转运中心降格为华中地区的区域性外贸转运中心。与此同时，全国口岸贸易格局也发生了改变，形成了华中地区以上海为外贸转运中心，华南地区以香港为外贸转运中心，东北和华北地区则以各自区域中心口岸为主，再没有一个全国性外贸转运中心统领的新格局。

二、北方口岸的疏离，直接导致上海失去全国外贸转运中心的地位，而长江流域则始终是上海最重要的经济腹地

历史时期，北方口岸曾经是上海外贸埠际转运非常重要的对象。天津是北方的中心口岸，在20世纪之前对上海外贸埠际转运的依赖程度始终很高。自20世纪初开始，天津自身的港口、交通、金融、商业条件越来越成熟，已逐渐具备直接开展对外贸易的独立性。随着全国对日贸易的兴起，天津由以上海外贸转运为主转为以直接对日贸易为主。同时北方新兴起的大连和青岛两个口岸，都以直接对日贸易为主要贸易内容。最终导致北方口岸从上海外贸埠际转运网络中剥离，使上海失去了全国外贸埠际转运中心的地位。

长江流域则始终是上海背后强大的腹地。以汉口为首的沿江口岸，由于身为内河港口的限制，对外开展直接贸易不便，仍以上海外贸埠际转运为主。“（汉口）要由不在海滨，交通仍有不便之处，于是出口土货与进口洋货，多由上海汇转，而直接贸易数字，不免减少。”[①]位于长江三角洲的宁波，同时具备东部沿海的航运地理优势，但邻近上海，始终没有发展起远洋航线。故有云：“扬子江诸港，直接输入，虽逐年增加其额，上海大贸易市场，扼其咽喉，故自阻格其趋势，如北清诸港，大

①张克明：《汉口历年来进出口贸易之分析》，《汉口商业月刊》1935年第二卷第二期。

异其地，输出日本货物等，脱上海制驭，直接贸易，益盛其趋向。”①

长江流域始终与上海联结最直接，关系最紧密，为上海的经济发展提供了始终可依凭的根基。正如美国地理学家罗兹·墨菲所说：“上海城市，从地形学上讲，位于那从西面和北面向它汇合的华东低地和整个长江流域的焦点。长江及其支流，把中国物产丰饶的核心地带百川注入的水源收容下来，最后都倾泻到黄浦江口，在基本上属于工业发展前的中国经济体系中，超溢当地市场而外运的货物，多半经由水路运送出去。在这个紧要关键的问题上，没有什么地方能够享有上海的有利条件的一小部分。”②长江背后广袤的腹地，是上海得天独厚的优势所在。上海可将其经济腹地扩展到江、浙、皖、赣、鄂、湘、川诸省，包括秦岭和黄河以南的陕西汉中、河南大部及鲁西南的长江流域广大地区。上海与长江流域腹地之间的双向联系和互补互动，构成了上海港口和经济发展的基础。③

三、在对外贸易中，上海工业中心对外贸中心地位给予强有力的支持；在埠际贸易中，上海的影响力由外贸中心向工业中心转化，体现了上海多功能经济中心不同功能之间的相互支持和促进

20世纪上半叶，上海外贸埠际转运逐渐走向衰微，但从总量上看，上海仍然是全国外贸中心。外贸总量之所以没有随着外贸转运同步下降，是因为上海工业中心地位的崛起，使得上海外贸中本地消耗与产出增长，弥补了外贸转运的下降。在国内埠际贸易中，随着对各口岸外贸埠际转运的下降，上海作为外贸中心对各口岸的影响已随之减小，而上海工业中心在国内埠际贸易中的影响继之而起。运往其他口岸的上海机

---

①《湖北商务报》1899年第14册，《视察中国汉口复命书》(上)，译《通商汇纂》。

②罗兹·墨菲：《上海——现代中国的钥匙》，第56页。

③戴鞍钢：《港口·城市·腹地——上海与长江流域经济关系的历史考察(1843—1913)》。

制工业品，与各口岸运至上海供其消耗的原料与燃料，在全国内贸商品流通值中占据了相当高的比重，体现了上海作为工业中心对国内其他口岸的影响力与牵引力。并使得在埠际贸易中，上海在对国内各口岸的影响上仍然保持了很高的地位。

由此应该看到，在对外贸易中，上海工业中心给予了外贸中心强有力的支持；在国内埠际贸易中，上海对其他口岸的影响力有一个由外贸中心向工业中心转化的过程。上海凭借其多功能经济中心的优势，始终在全国贸易中保持强大的影响力。上海因外贸而兴，带动了航运、商业、金融和工业的兴盛，在上海外贸埠际转运的变迁中，清楚地体现了上海不同经济功能之间的相互促进。

历史的发展证明上海之所以能够成为全国经济中心，是其外贸中心、航运中心、金融中心、商业中心、工业中心的功能相互促进的结果。因此继续发展上海不同功能的经济作用，将使上海不同经济功能之间产生相互支持和补充的良性互动，使上海始终保持强大的经济影响力，同时也促进上海的进一步繁荣。

附 表

附表一　上海外贸埠际转运占全国外贸比重表（1864—1930）

年份	洋货经上海转运国内值/全国进口总值（%）	土货经上海转运国外值/全国出口总值（%）	洋货经上海转运国内值（海关两）	全国进口总值（海关两）	土货经上海转运国外值（海关两）	全国出口总值（海关两）
1864	31.4	28.4	14445200	46044504	13756107	48479811
1865	40.3	25.6	22434129	55715458	13856189	54103274
1866	44.5	25.3	29887837	67174481	12796942	50596223
1867	45.7	29.1	28548597	62459226	15185686	52158300
1868	50.6	28.0	32015949	63281804	17285685	61826275
1869	50.7	29.4	33996338	67108533	17667124	60139237
1870	54.5	31.7	34681817	63693268	17503634	55294866
1871	52.2	29.1	36617975	70103077	19421000	66853161
1872	58.7	29.7	39545313	67317049	22364753	75288125
1873	55.6	25.7	37049347	66637209	17877477	69451277
1874	56.9	22.7	36600780	64360864	15131843	66712868

续表

年份	洋货经上海转运国内值/全国进口总值（%）	土货经上海转运国外值/全国出口总值（%）	洋货经上海转运国内值（海关两）	全国进口总值（海关两）	土货经上海转运国外值（海关两）	全国出口总值（海关两）
1875	50.2	20.6	34024907	67803247	14215229	68912929
1876	46.9	19.5	32976415	70269574	15790243	80850512
1877	46.8	22.9	34253336	73233896	15466942	67445022
1878	48.8	17.8	34553877	70804027	11972330	67172179
1879	56.3	19.6	46290994	82227424	14166460	72281262
1880	50.9	21.5	40370177	79293452	16717069	77883587
1881	50.8	24.8	46677435	91910877	17713422	71452974
1882	49.5	22.8	38491718	77715228	15378144	67336846
1883	50.2	21.5	36926821	73567702	15098080	70197693
1884	52.6	22.7	38297234	72760758	15261373	67147680
1885	48.8	24.6	43006942	88200018	15961086	65005711
1886	50.4	22.2	44087156	87479323	17139828	77206568
1887	44.1	21.8	45123202	102263669	18730959	85860208
1888	34.9	20.7	43522255	124782893	19094611	92401067
1889	38.5	20.4	42692322	110884355	19732863	96947832
1890	39.7	20.5	50511675	127093481	17822726	87144480
1891	43.0	19.1	57566568	134003863	19275318	100947849
1892	45.6	19.0	61566264	135101198	19495330	102583525
1893	41.3	21.8	62514192	151362819	25434891	116632311
1894	38.9	22.7	63029438	162102911	29048486	128104522
1895	40.2	21.3	69038721	171696715	30498072	143293211

续表

年份	洋货经上海转运国内值/全国进口总值(%)	土货经上海转运国外值/全国出口总值(%)	洋货经上海转运国内值(海关两)	全国进口总值(海关两)	土货经上海转运国外值(海关两)	全国出口总值(海关两)
1896	41.5	22.4	84002288	202589994	29306508	131081421
1897	47.3	24.7	95863323	202828625	40387040	163501358
1898	44.3	23.8	92763721	209579334	37906973	159037149
1899	41.8	23.2	110627112	264748456	45418444	195784832
1900	38.5	28.0	81184189	211070422	44551972	158996752
1901	42.4	26.2	113753177	268302918	44464343	169656757
1902	39.4	26.5	124353663	315363905	56701082	214181584
1903	42.9	29.6	140223693	326739133	63365074	214352467
1904	41.4	32.9	142609286	344060608	78872999	239486683
1905	35.2	30.3	157169406	447100791	69120537	227888197
1906	33.9	31.4	139204104	410270082	74244381	236456739
1907	33.1	31.0	137825050	416401369	81960218	264380697
1908	33.5	29.8	131965870	394505478	82487286	276660403
1909	33.3	29.7	139206610	418158067	100519791	338992814
1910	29.8	29.7	138025474	462964894	112960269	380833328
1911	28.3	28.9	133241017	471503943	108862543	377338166
1912	27.9	33.8	132049146	473097031	125061966	370520403
1913	24.0	33.5	136725496	570162557	135135898	403305546
1914	23.5	31.1	133679465	569241382	110787589	356226629
1915	27.8	37.1	126162293	454475719	155498197	418861164
1916	23.3	33.0	120082776	516406995	159229426	481797366

续表

年份	洋货经上海转运国内值/全国进口总值（%）	土货经上海转运国外值/全国出口总值（%）	洋货经上海转运国内值（海关两）	全国进口总值（海关两）	土货经上海转运国外值（海关两）	全国出口总值（海关两）
1917	21.4	29.1	117352308	549518774	134885318	462931630
1918	21.6	26.4	119965108	554893082	128054968	485883031
1919	20.8	25.3	134617946	646997681	159709620	630809411
1920	19.7	19.3	150267051	762250230	104778541	541631300
1921	22.1	17.9	200258724	906122439	107743685	601255537
1922	18.4	18.2	173452620	945049650	119193766	654891933
1923	18.3	21.0	168901011	923402887	157811420	752917416
1924	17.1	20.2	174190640	1018210677	155925658	771784468
1925	17.8	23.0	168451011	947864944	178821962	776352937
1926	17.9	24.3	201035039	1124221253	209714136	864294771
1927	15.4	17.7	156232033	1012931624	162335834	918619662
1928	14.5	18.1	172997980	1195969271	179596654	991354988
1929	16.0	17.6	202153348	1265778821	178871431	1015687318
1930	15.3	16.7	200494975	1309755742	149767449	894843594

数据来源：根据《中国旧海关史料》数据整理。

说明：1864—1869年数据单位按照1两=1.114海关两，由两换算成海关两。

附表二　上海与华北和东北口岸外贸埠际转运表

		天津	烟台	营口	共计
1864	上海洋货转运各口岸值	3067224	1073707	385143	4526074
	占上海洋货转运国内比重（%）	19.7	6.9	2.5	29.1
	各口岸土货运往上海值	1199091	424073	390266	2013430
	占上海土货进口比重（%）	4.1	1.5	1.3	6.9
1875	上海洋货转运各口岸值	6571307	2484453	1278271	10334031
	占上海洋货转运国内比重（%）	19.3	7.3	3.8	30.4
	各口岸土货运往上海值	1925939	1356999	520173	3803111
	占上海土货进口比重（%）	5.5	3.9	1.5	10.9
1885	上海洋货转运各口岸值	9538425	3427096	2132986	15098507
	占上海洋货转运国内比重（%）	22.2	8.0	5.0	35.2
	各口岸土货运往上海值	3021139	2431958	1071515	6524612
	占上海土货进口比重（%）	7.9	6.4	2.8	17.1
1895	上海洋货转运各口岸值	16151780	5246514	*	21398294
	占上海洋货转运国内比重（%）	23.4	7.6		31.0
	各口岸土货运往上海值	6690583	4131596	*	10822179
	占上海土货进口比重（%）	11.5	7.1		18.6
1904	上海洋货转运各口岸值	19835228	7337935	13319211	40492374
	占上海洋货转运国内比重（%）	13.9	5.1	9.3	28.3
	各口岸土货运往上海值	12897465	8584900	3179332	24661697
	占上海土货进口比重（%）	10.1	6.7	2.5	19.3

说明：（1）1864年数据单位为两，其他年份数据单位为海关两；（2）1895年营口海关统计数据缺。

附表三　上海与华中口岸外贸埠际转运表

		汉口	九江	芜湖	镇江	宁波	温州	共计
1864	上海洋货转运各口岸值	5572071	2071122		921852	2325742		10890787
	占上海洋货转运国内比重（%）	35.8	13.3		5.9	14.9		69.9
	各口岸土货运往上海值	11615292	6961532		26040	3744019		22346883
	占上海土货进口比重（%）	39.7	23.8		0.1	12.8		76.4
1875	上海洋货转运各口岸值	8195484	2583820		8246889	4124432		23150625
	占上海洋货转运国内比重（%）	24.1	7.6		24.2	12.1		68
	各口岸土货运往上海值	12913553	4653315		930707	4931485		23429060
	占上海土货进口比重（%）	36.8	13.3		2.7	14.1		66.9
1885	上海洋货转运各口岸值	10410094	2225348	2351710	6628956	5160066	233488	27009662
	占上海洋货转运国内比重（%）	24.2	5.2	5.5	15.4	12	0.5	62.8
	各口岸土货运往上海值	14051366	4347583	1016957	2328431	3825909	71242	25641488

续表

		汉口	九江	芜湖	镇江	宁波	温州	共计
1885	占上海土货进口比重（%）	36.9	11.4	2.7	6.1	10.1	0.2	67.4
1895	上海洋货转运各口岸值	18423569	4625505	3376583	11546113	7960210	409323	46341303
	占上海洋货转运国内比重（%）	26.7	6.7	4.9	16.7	11.5	0.6	67.1
	各口岸土货运往上海值	28139913	3887651	1361116	1847902	5844939	457611	41539132
	占上海土货进口比重（%）	48.3	6.7	2.3	3.2	10	0.8	71.3
1904	上海洋货转运各口岸值	42652523	9991657	7248572	14176489	7835539	1035003	82939783
	占上海洋货转运国内比重（%）	29.9	7.0	5.1	9.9	5.5	0.7	58.1
	各口岸土货运往上海值	58772220	7852136	1616103	2416700	7764523	998506	79420188
	占上海土货进口比重（%）	45.9	6.1	1.3	1.9	6.1	0.8	62.1

说明：1864年数据单位为两，其他年份数据单位为海关两。

附表四　上海与华南口岸外贸埠际转运表

		福州	广州	厦门	汕头	共计
1864	上海洋货转运各口岸值	107452	12275	8056	2376	130159
	占上海洋货转运国内比重（%）	0.7	0.1	0.1	*	0.9
	各口岸土货运往上海值	858948	996976	374124	2358211	4588259
	占上海土货进口比重（%）	2.9	3.4	1.3	8.1	15.7
1875	上海洋货转运各口岸值	482940	7323	19614	26658	536535
	占上海洋货转运国内比重（%）	1.4	*	0.1	0.1	1.6
	各口岸土货运往上海值	1555884	2472051	546817	3100696	7675448
	占上海土货进口比重（%）	4.4	7.1	1.6	8.8	21.9
1885	上海洋货转运各口岸值	687865	1868	89985	233488	1013206
	占上海洋货转运国内比重（%）	1.6	*	0.2	0.5	2.3
	各口岸土货运往上海值	456533	893975	303590	3973038	5627136
	占上海土货进口比重（%）	1.2	2.3	0.8	10.4	14.7
1895	上海洋货转运各口岸值	505736	180210	131000	351794	1168740
	占上海洋货转运国内比重（%）	0.7	0.3	0.2	0.5	1.7
	各口岸土货运往上海值	831866	1160851	584736	2903401	5480854
	占上海土货进口比重（%）	1.4	2.0	1.0	5.0	9.4
1904	上海洋货转运各口岸值	878713	103245	106722	281747	1370427

续表

		福州	广州	厦门	汕头	共计
1904	占上海洋货转运国内比重（%）	0.6	0.1	0.1	0.2	1.0
	各口岸土货运往上海值	1949011	2153051	412745	3751055	8265862
	占上海土货进口比重（%）	1.5	1.7	0.3	2.9	6.4

说明：（1）1864年数据单位为两；（2）*表示小于0.1%。

附表五　上海与天津洋货外贸埠际转运表（1866—1904）

年份	上海洋货转运天津值/天津洋货进口总值（%）	上海洋货转运天津值/上海洋货转运国内总值（%）	上海洋货转运天津值	天津洋货进口总值	上海洋货转运国内总值
1866	83.0	29.9	9963643	12009222	33295050
1867	90.4	26.3	8363813	9252155	31803137
1871	88.5	25.5	10913186	12331357	42713641
1872	94.0	21.1	9927187	10564444	46965869
1873	95.8	21.6	9471118	9886373	43891455
1874	88.2	21.3	9307227	10557532	43764978
1875	69.0	19.3	5898839	8548490	30543004
1876	75.4	20.5	6749890	8956636	32976415
1877	76.1	17.5	5982048	7865774	34253336
1878	68.5	15.7	5417881	7913015	34553877
1879	68.0	19.8	9177196	13503506	46290994
1880	74.9	19.3	7793199	10399347	40370177

续表

年份	上海洋货转运天津值/天津洋货进口总值（%）	上海洋货转运天津值/上海洋货转运国内总值（%）	上海洋货转运天津值	天津洋货进口总值	上海洋货转运国内总值
1881	83.9	19.3	8999644	10724918	46677435
1882	78.2	19.6	7533956	9634678	38491718
1883	72.3	20.4	7520762	10403543	36926821
1884	78.7	22.0	8412960	10685392	38297234
1885	76.2	22.2	9538425	12516208	43006942
1886	72.3	22.9	10116164	13996512	44087156
1887	84.6	25.8	11655950	13776608	45123202
1888	78.9	24.7	10768909	13641592	43522255
1889	73.8	26.7	11378432	15412710	42692322
1890	68.2	23.2	11717313	17177294	50511675
1891	73.4	23.5	13521337	18431290	57566568
1892	77.7	22.6	13905737	17890775	61566264
1893	68.9	21.8	13609241	19743914	62514192
1894	60.2	20.8	13111098	21767407	63029438
1895	69.1	23.4	16151780	23382529	69038721
1896	70.4	24.8	20841915	29584743	84002288
1897	67.8	21.4	20547510	30306701	95863323
1898	69.0	24.3	22548692	32674447	92763721
1899	52.6	18.7	20728120	39409029	110627112
1904	53.8	13.9	19835228	36840510	142609286

数据来源：根据《中国旧海关史料》数据整理。

说明：（1）上海洋货转运天津值采用上海海关统计数据，因天津海关数据只有少数几年有此统计；（2）天津洋货进口总值=直接由国外进口值+由国内口岸进口值；（3）1866—1875年单位为两，1876—1904年单位为海关两；（4）1868—1870、1900—1903年间沪津洋货外贸转运数据缺；（5）1867年上海海关数据缺，采用天津从上海进口洋货值代替；（6）1872年上海海关数据缺，采用天津从国内口岸进口洋货值代替。

附表六　上海与天津土货外贸埠际转运表（1864—1904）

年份	天津土货运往上海值/天津出口总值（不包括复出口俄国茶叶）（%）	天津土货运往上海值/天津土货出口总值（%）	天津土货运往上海值	天津土货出口总值（不包括复出口俄国茶叶）	天津土货出口总值	天津土货运往上海值/上海土货进口总值（%）	上海土货进口总值
1866	—	28.4	763573	—	2687962	3.1	24291070
1867	—	48.1	588775	—	1223197	2.1	27711626
1871	58.1	27.2	555766	956770	2044347	1.5	36666399
1872	83.4	35.1	1153412	1383788	3282549	2.7	42701162
1873	85.0	31.2	1084096	1275379	3471350	2.7	40751812
1874	73.5	30.9	846644	1152262	2739947	2.3	36734241
1875	67.5	24.2	1142742	1693761	4715734	3.2	35856070
1876	56.3	18.2	1903575	1561398	4842887	4.8	39399424
1877	97.2	31.1	1741758	1792525	5607302	4.7	36919434
1878	82.9	31.9	1664994	2007292	5214386	5.1	32861230
1879	76.4	25.5	1527815	1998465	5986734	3.8	40339011
1880	69.1	26.8	1773178	2567068	6622378	4.2	42594862
1881	79.0	34.9	1989242	2518691	5701898	4.5	43798517
1882	76.5	36.3	2273187	2972570	6258915	5.4	42075969

续表

年份	天津土货运往上海值/天津出口总值（不包括复出口俄国茶叶）（%）	天津土货运往上海值/天津土货出口总值（%）	天津土货运往上海值	天津土货出口总值（不包括复出口俄国茶叶）	天津土货出口总值	天津土货运往上海值/上海土货进口总值（%）	上海土货进口总值
1883	71.6	34.0	2377975	3322460	6987857	6.3	37561122
1884	71.4	35.1	2580467	3615730	7355397	6.5	39454313
1885	80.6	42.0	3021139	3750247	7188506	7.3	41318389
1886	70.0	31.7	2873405	4104588	9052597	6.8	42382891
1887	86.7	38.0	3850532	4440673	10144954	8.6	45014570
1888	80.9	35.9	3037385	3753986	8453407	6.7	45452853
1889	70.4	38.6	3380492	4802995	8764605	7.0	48166238
1890	72.4	38.0	3623130	5001376	9529224	7.5	48518744
1891	65.7	36.6	3674275	5593694	10027501	7.8	47374027
1892	68.5	42.0	4400427	6425539	10488168	8.9	49190079
1893	81.5	44.0	4864454	5971990	11067498	8.8	55293713
1894	81.6	42.7	5607656	6871108	13128560	10.5	53361347
1895	72.9	38.1	6690583	9178039	17547580	11.5	58267974
1896	84.8	43.2	7295739	8606991	16898043	13.3	54982999
1897	85.2	45.8	9387251	11020950	20490797	12.7	73804340
1898	68.6	38.0	8315375	12112746	21901329	10.9	76090915
1899	70.6	43.2	11097902	15711521	25699227	13.6	81624293
1904	86.5	75.4	12897465	14910248	17100122	10.1	127970828

数据来源：根据《中国旧海关史料》数据整理。

说明：（1）天津土货运上海值均采用上海海关统计数据，个别年份与天津海关的进出口总值比例计算由于两个海关统计之必然误差而超过100%的，采用天津海关统计数据，如1873—1876年天津土货运往上海值以天津海关数据为准；（2）天津土货出口总值=本口土货出口国外值+土货复出口值；（3）1866—1874年单位均为两，1875—1904年单位均为海关两；（4）1866、1867年津海关年报中无转口俄国茶叶值统计；（5）1868—1870年海关年报所需数据缺。

附表七　上海与汉口洋货外贸埠际转运表（1864—1904）

年份	上海洋货转运汉口值/汉口洋货进口总值（%）	上海洋货转运汉口值/上海洋货转运国内总值（%）	上海洋货转运汉口值	汉口洋货进口总值	上海洋货转运国内总值
1864	93.7	34.6	5572071	5949539	16091953
1866	77.6	28.4	9442662	12172426	33295050
1867	99.3	32.5	10323026	10392539	31803137
1868	99.5	27.8	9902464	9948873	35669202
1869	99.5	26.7	10094109	10144000	37871921
1870	99.6	31.3	12109142	12157637	38635544
1871	82.7	24.6	10034651	12127196	40792424
1872	98.1	23.9	10515843	10717168	44053479
1873	95.6	25.0	10299183	10770542	41272973
1874	94.0	23.2	9473328	10075616	40773269
1875	96.8	24.1	8195484	8463549	34024907
1876	93.2	24.4	8052601	8643040	32976415
1877	93.0	21.7	7437232	8000361	34253336
1878	86.1	19.6	6757551	7849648	34553877
1879	93.1	22.1	10216713	10969027	46290994
1880	74.4	24.6	9918111	13331335	40370177

续表

年份	上海洋货转运汉口值/汉口洋货进口总值（%）	上海洋货转运汉口值/上海洋货转运国内总值（%）	上海洋货转运汉口值	汉口洋货进口总值	上海洋货转运国内总值
1881	75.1	26.0	12154449	16173593	46677435
1882	75.2	24.8	9540305	12683032	38491718
1883	73.0	24.7	9130924	12512722	36926821
1884	66.9	23.8	9101495	13607277	38297234
1885	66.6	24.2	10410094	15620654	43006942
1886	69.8	21.8	9608480	13759419	44087156
1887	77.6	21.6	9756979	12574974	45123202
1888	74.8	23.8	10369396	13870188	43522255
1889	81.0	22.8	9754998	12044581	42692322
1890	80.8	23.3	11780117	14587391	50511675
1891	93.7	24.1	13873273	14800682	57566568
1892	94.6	26.1	16089795	17010216	61566264
1893	*	23.6	14778136	14447759	62514192
1894	95.9	24.7	15581246	16244567	63029438
1895	96.2	26.7	18423569	19154764	69038721
1896	*	24.5	20608315	20242739	84002288
1897	*	25.0	24011410	22768620	95863323
1898	97.5	22.3	20670486	21191325	92763721
1899	87.1	23.5	25960755	29797757	110627112
1904	79.6	29.9	42652523	53591205	142609286

数据来源：根据《中国旧海关史料》数据整理。

说明：（1）上海洋货转运汉口值采用上海海关统计数据，因汉口海关数据只有少数几年有此统计；（2）汉口洋货进口总值=直接由国外进口值+由国内口岸进口值；（3）1864—1874年单位均为两，1875—1904年单位为海关两；（4）1865年汉口统计数据缺；（5）1900—1903年上海洋货转运汉口值缺；（6）由于双方海关统计必然存在误差，1893、1896、1897年经上海洋货转运值占汉口进口总值比重超过100%，以*表示。

附表八　上海与汉口土货外贸埠际转运表

年份	汉口土货运往上海值/汉口出口总值（%）	汉口土货运往上海值/上海土货进口总值（%）	汉口土货运往上海值	汉口土货出口总值	上海土货进口总值
1864	79.8	38.0	11615292	14560395	30602294
1866	53.4	37.0	10020712	18749915	27060252
1867	84.8	32.4	10003677	11802829	30870751
1868	82.8	37.4	12836413	15493815	34327482
1869	81.5	34.8	12098065	14840037	34801884
1870	75.5	37.0	11450791	15159013	30971638
1871	84.7	42.9	15745146	18594195	36666399
1872	83.4	39.5	16868802	20218680	42701162
1873	83.3	40.0	16312369	19590393	40751812
1874	61.4	34.3	12606567	20529687	36734241
1875	64.2	36.0	12913553	20120523	35856070
1876	64.1	37.5	14762184	23024737	39399424
1877	71.6	38.1	14052918	19630400	36919434
1878	52.9	31.8	10446810	19738588	32861230
1879	61.7	36.4	14670629	23796541	40339011
1880	59.9	34.8	14807088	24715016	42594862
1881	73.9	37.7	16531115	22366704	43798517
1882	71.6	35.7	15037660	20988145	42075969

续表

年份	汉口土货运往上海值/汉口出口总值（%）	汉口土货运往上海值/上海土货进口总值（%）	汉口土货运往上海值	汉口土货出口总值	上海土货进口总值
1883	60.6	35.8	13434477	22160431	37561122
1884	65.7	33.8	13317559	20282144	39454313
1885	62.4	34.0	14051366	22512787	41318389
1886	64.3	36.2	15327869	23824384	42382891
1887	79.4	38.8	17476552	21997815	45014570
1888	69.8	36.0	16354420	23424288	45452853
1889	65.4	38.0	18281403	27949779	48166238
1890	64.9	36.6	17738761	27333104	48518744
1891	76.1	38.4	18174878	29164288	47374027
1892	79.9	40.4	19876083	26132184	49190079
1893	*	46.0	25456163	31865205	55293713
1894	73.6	44.9	23948276	32520766	53361347
1895	76.9	48.3	28139913	36611312	58267974
1896	*	39.5	21703512	34663403	54982999
1897	*	43.3	31946567	38581274	73804340
1898	62.6	28.5	21703512	34663403	76090915
1899	82.8	39.1	31946567	38581274	81624293
1904	76.3	25.5	32650490	42802730	127970828

数据来源：根据《中国旧海关史料》数据整理。

说明：（1）汉口土货运往上海值采用上海海关数据为准，而不采用汉口海关数据，因货物运进值准确度比货物运出值更高；（2）汉口出口总值=本口土货出口国外值+土货复出口值；（3）1864—1874年单位均为两，1875—1904年单位为海关两；（4）1865年汉口统计数据缺；（5）1900—1903年间统计数据缺；（6）1893、1896、1897年超过100%，以*表示。

附表九　宁波直接进口比重表

年份	宁波直接进口值/宁波进口总值（%）	宁波直接进口值	由通商口岸进口值	宁波进口总值
1866	20.8	848076	3221753	4069829
1867	15.9	749744	3965287	4715031
1868	12.0	577449	4241915	4819364
1869	8.9	448799	4594091	5042890
1870	13.0	853809	5729647	6583456
1871	12.2	646197	4652747	5298944
1872	22.6	1361997	4672068	6034065
1873	30.7	1984343	4476690	6461033
1874	32.2	1977925	4158148	6136073
1875	30.1	1902759	4416687	6319446
1876	34.7	2106626	3957562	6064188
1877	10.1	634522	5638687	6273209
1878	22.9	1556416	5239984	6796400
1879	12.8	872766	5930339	6803105
1880	1.2	73252	5907987	5981239
1881	3.6	259170	6974119	7233289
1882	3.2	204672	6111326	6315998
1883	2.8	163720	5704909	5868629
1884	1.2	64899	5450060	5514959
1885	1.0	57032	5696549	5753581
1886	1.4	85954	6245975	6331929
1887	0.4	18256	4538512	4556768

续表

年份	宁波直接进口值/宁波进口总值（%）	宁波直接进口值	由通商口岸进口值	宁波进口总值
1888	0.4	21392	5578448	5599840
1889	2.2	128853	5601760	5730613
1890	6.1	372951	5768586	6141537
1891	4.4	269647	5921669	6191316
1892	2.0	137085	6585983	6723068
1893	4.3	304820	6723688	7028508
1894	1.9	133238	7032175	7165413
1895	1.9	156513	7886651	8043164
1896	4.8	434376	8620643	9055019
1897	7.8	705751	8328055	9033806
1898	9.1	747662	7500610	8248272
1899	9.7	895304	8342049	9237353
1901	25.7	2476026	7155089	9631115
1902	30.1	2724475	6336712	9061187
1903	30.3	3406774	7832743	11239517
1904	26.3	2739217	7668959	10408176
1905	29.0	2891326	7075687	9967013
1906	33.6	3290438	6516260	9806698
1907	42.0	5261116	7255575	12516691
1908	38.3	4053500	6531348	10584848
1909	31.5	2886526	6264687	9151213
1910	23.0	2133642	7154671	9288313
1911	20.9	1709312	6470055	8179367

续表

年份	宁波直接进口值/宁波进口总值(%)	宁波直接进口值	由通商口岸进口值	宁波进口总值
1912	23.7	1574874	5068192	6643066
1913	29.7	2890195	6826534	9716729
1914	26.7	2649213	7289598	9938811
1915	32.4	2928890	6109987	9038877
1916	32.0	3464454	7374504	10838958
1917	28.4	2705926	6837432	9543358
1918	30.4	3067072	7016823	10083895
1919	33.1	3126431	6323813	9450244
1920	32.2	3121325	6565107	9686432
1921	37.6	5187092	8596870	13783962
1922	44.3	7285279	9169302	16454581
1923	45.6	7064232	8416492	15480724
1924	26.2	3607105	10182735	13789840
1925	33.1	5150865	10396410	15547275
1926	40.0	8142509	12225754	20368263
1927	52.2	10012996	9154601	19167597
1928	39.6	5957889	9101891	15059780
1929	43.0	6802002	8999578	15801580
1930	65.7	14995735	7813737	22809472

数据来源：根据《中国旧海关史料》数据整理。

说明：(1)宁波进口总值=直接由国外进口值+由国内口岸进口值；(2)1866—1872年单位为两，1875—1904年单位为海关两。

附表十　宁波直接出口比重表

年份	宁波直接出口值/宁波出口总值（%）	宁波直接出口值	出口往通商口岸值	宁波出口总值
1866	5.3	340995	6094815	6435810
1867	0.1	5680	5516879	5522559
1868	0.6	33448	6040261	6073709
1869	5.5	366031	6251556	6617587
1870	4.2	307225	6989351	7296576
1871	0.1	8233	8968251	8976484
1872	0.1	12041	10339107	10351148
1873	0.0	2933	7718739	7721672
1874	0.1	6396	7007449	7013845
1875	0.1	5543	4978389	4983932
1876	0.4	21992	5013905	5035897
1877	0.4	18392	4590816	4609208
1878	0.5	20825	4250193	4271018
1879	0.4	19878	4850094	4869972
1880	0.2	10448	5121481	5131929
1881	0.3	14269	4522954	4537223
1882	0.7	26950	3736920	3763870
1883	0.4	12709	3547719	3560428
1884	0.4	17742	4755530	4773272
1885	0.3	15614	5091414	5107028
1886	0.2	7645	4802732	4810377
1887	0.0	0	444484	444484

续表

年份	宁波直接出口值/宁波出口总值（%）	宁波直接出口值	出口往通商口岸值	宁波出口总值
1888	0.0	0	5657732	5657732
1889	0.0	0	5177781	5177781
1890	0.1	3651	4870939	4874590
1891	0.5	23823	4888140	4911963
1892	0.2	11526	4932808	4944334
1893	0.6	35118	6253508	6288626
1894	0.2	10423	5604658	5615081
1895	0.0	0	6396155	6396155
1896	0.7	41221	6074209	6115430
1897	1.3	64624	4921871	4986495
1898	0.3	12048	3980729	3992777
1899	0.0	0	4314351	4314351
1901	0.2	8256	4552672	4560928
1902	0.5	39899	7441767	7481666
1903	0.0	3036	7967821	7970857
1904	0.3	24876	7976265	8001141
1905	0.1	5130	6146614	6151744
1906	0.2	12771	6726582	6739353
1907	0.1	12581	8927893	8940474
1908	0.2	21363	9208318	9229681
1909	0.1	6991	9916486	9923477
1910	0.1	5688	10313848	10319536

续表

年份	宁波直接出口值/宁波出口总值（%）	宁波直接出口值	出口往通商口岸值	宁波出口总值
1911	0.0	2707	7860434	7863141
1912	0.0	1181	8914288	8915469
1913	0.0	690	8786819	8787509
1914	0.0	1824	9435073	9436897
1915	0.0	3065	10606486	10609551
1916	0.0	2918	11150866	11153784
1917	0.0	1704	10682376	10684080
1918	0.1	7137	14134676	14141813
1919	0.0	4670	11807907	11812577
1920	0.0	2018	99902962	99904980
1921	0.2	20777	10768115	10788892
1922	0.0	4959	11791468	11796427
1923	0.1	8851	14005830	14014681
1924	0.0	6619	17161620	17168239
1925	0.3	47586	18155248	18202834
1926	0.2	25434	16180060	16205494
1927	0.1	24314	18488697	18513011
1928	0.2	29985	16368005	16397990
1929	0.2	26177	16887511	16913688
1930	0.0	1932	16733823	16735755

数据来源：根据《中国旧海关史料》数据整理。

说明：（1）宁波出口总值=宁波本口土货直接出口国外值+宁波本口土货出口国内值，不包括宁波土货复出口值；（2）1866—1872年单位为两，1875—1904年单位为海关两。

参考文献

一、清代至民国时期的海关资料、外交文书

茅家琦等主编:《中国旧海关史料(1859—1948)》,170卷,京华出版社2001年版。

上海通商海关总税务司署造册处编:《中华民国海关华洋贸易总册》,1920—1930年分册。

徐雪筠等译编:《上海近代社会经济发展概况(1882—1931)——〈海关十年报告〉译编》,上海社会科学院出版社1985年版。

吴弘明整理:《津海关年报档案汇编(1865—1911)》,天津市档案馆、天津社会科学院历史研究所1993年刊印。

许逸凡译:《天津海关1892—1901年十年调查报告》,天津社会科学院历史研究所编《天津历史资料》第4期。

许逸凡译:《天津海关1902—1911年十年调查报告》,天津社会科学院历史研究所编《天津历史资料》第13期。

吴弘明译:《天津海关1912—1921年十年调查报告》,天津社会科学院历史研究所编《天津历史资料》第13期。

姚洪卓等标点:《天津海关1922—1931年十年调查报告》,天津社会科学院历史研究所编《天津历史资料》第5期。

陈梅龙、景消波译编:《近代浙江对外贸易及社会变迁》,宁波出版

社2003年版。

中华人民共和国杭州海关译编：《近代浙江通商口岸经济社会概况——浙海关、瓯海关、杭州关贸易报告集成》，浙江人民出版社2002年版。

福州海关编：《近代福州及闽东地区社会经济概况》，华艺出版社1992年版。

厦门市志编纂委员会、《厦门海关志》编委会：《近代厦门社会经济概况》，鹭江出版社1990年版。

中国海关学会汕头海关小组、汕头市地方志编纂委员会办公室：《潮海关史料汇编》，1988年版。

广州市地方志编委会、广州海关志编委会：《近代广州口岸经济社会概况——粤海关报告汇集》，暨南大学出版社1995年版。

李必樟译编：《上海近代贸易经济发展概况：1854—1898年——英国驻上海领事贸易报告汇编》，上海社会科学院出版社1993年版。

二、20世纪30—50年代的专著、调查、资料集、期刊资料

蔡谦、郑友揆：《中国各通商口岸对各国进出口贸易统计（民国八年，十六年至二十年）》，上海商务印书馆1936年版。

实业部国际贸易局编：《最近三十四年来中国通商口岸对外贸易统计》，商务印书馆1935年版。

杨瑞六、侯厚培：《六十五年来中国国际贸易统计》，国立中央研究院社会科学研究所专刊第四号。

韩启桐：《中国埠际贸易统计（1936—1940）》，中国科学院出版社1951年版。

中国银行总管理处调查部编：《最近中国对外贸易统计图解（1912—1930）》，中国银行总管理处调查部1931年版。

国民党建设委员会经济调查所统计课编：《浙江之平水茶》，国民党

建设委员会经济调查所1937年版。

武堉干：《中国国际贸易概论》，《民国丛书》第四编第31本。

实业部国际贸易局：《中国实业志——浙江省》，实业部国际贸易局1934年版。

实业部国际贸易局：《中国实业志——江苏省》，实业部国际贸易局1934年版。

吴觉农编：《浙江之平水茶业》，农村复兴委员会委托调查茶业调查第一种，1934年版。

《工商半月刊》

《申报》

《银行周报》

《汉口商业月刊》

《银行月刊》

《银行杂志》

《东方杂志》

《湖北商务报》

三、20世纪50年代后的专著、统计资料

吴松弟主编：《中国百年经济拼图——港口城市及其腹地与中国现代化》，山东画报出版社2006年版。

复旦大学历史地理研究中心编：《港口-腹地和中国现代化进程》，齐鲁书社2005年版。

熊月之、周武主编：《海外上海学》，上海古籍出版社2004年版。

熊月之、马学强、晏可佳选编：《上海的外国人（1842—1949）》，上海古籍出版社2003年版。

苏智良：《中国毒品史》，上海人民出版社1997年版。

苏智良、赵长青主编：《禁毒全书》，中国民主法制出版社1998年版。

严中平等编：《中国近代经济史统计资料选辑》，科学出版社1955年版。

许道夫：《中国近代农业生产及贸易统计资料》，上海人民出版社1983年版。

李文治：《中国近代农业史资料》（第一辑），生活·读书·新知三联书店1957年版。

章有义：《中国近代农业史资料》（第二、三辑），生活·读书·新知三联书店1957年版。

彭泽益：《中国近代手工业史资料》，中华书局1962年版。

聂宝璋、朱荫贵编：《中国近代航运史资料》（第一辑），上海人民出版社1983年版

聂宝璋、朱荫贵编：《中国近代航运史资料》（第二辑），中国社会科学出版社2002年版。

姚贤镐编：《中国近代对外贸易史资料（1840—1895）》，中华书局1962年版。

罗兹·墨菲：《上海——现代中国的钥匙》，上海人民出版社1986年版。

上海社会科学院经济研究所、上海市国际贸易学会学术委员会编：《上海对外贸易》，上海社会科学院出版社1989年版。

徐新吾、黄汉民主编：《上海近代工业史》，上海社会科学院出版社1998年版。

茅伯科：《上海港史》（古、近代部分），人民交通出版社1990年版。

《上海港史话》编写组：《上海港史话》，上海人民出版社1979年版。

方宪堂主编：《上海近代民族卷烟工业》，上海社会科学院出版社1989年版

汤志钧主编：《近代上海大事记》，上海辞书出版社1983年版。

熊月之主编:《上海通史》,上海人民出版社1999年版。

戴鞍钢:《港口·城市·腹地——上海与长江流域经济关系的历史考察(1843—1913)》,复旦大学出版社1998年版。

樊卫国:《激活与生长——上海现代经济兴起之若干经济(1870—1941)》,上海人民出版社2002年版。

杜恂诚主编:《上海金融的制度、功能与变迁(1897—1997)》,上海人民出版社2002年版。

吴景平、马长林主编:《上海金融的现代化与国际化》,上海古籍出版社2003年版。

张仲礼主编:《近代上海城市研究》,上海人民出版社1990年版。

黄苇:《上海开埠初期对外贸易研究(1843—1863)》,上海人民出版社1979年版。

张仲礼、熊月之、沈祖炜主编:《长江沿江城市与中国近代化》,上海人民出版社2002年版。

陶水木:《浙江商帮与上海经济(1840—1936)》,上海三联书店2000年版。

丁日初主编:《上海近代经济史》(第一、二卷),上海人民出版社1994、1997年版。

曾兆祥主编:《湖北近代经济贸易史选辑》(1—5辑),湖北省志贸易志编辑室1984—1987年版。

交通部烟台港务管理局:《近代山东沿海通商口岸贸易统计资料:1859—1949》,对外贸易教育出版社1986年版。

《浙江航运史》(古近代部分),人民交通出版社1993年版。

皮明庥:《武汉近代(辛亥革命前)经济史料》,武汉地方志编纂办公室1981年版

皮明庥主编:《近代武汉城市史》,中国社会科学出版社1993年版。

政协宁波市委员会文史资料研究委员会编:《宁波文史资料》第9辑。

刘素芬：《烟台贸易研究（1867—1919）》，台湾商务印书馆1990年版。

顾明义：《日本侵占旅大四十年史》，辽宁人民出版社1991年版。

李华彬主编：《天津港史》（古、近代部分），人民交通出版社1986年版。

寿杨宾：《青岛海港史》（近代部分），人民交通出版社1986年版。

姚洪卓主编：《近代天津对外贸易（1861—1948年）》，天津社会科学院出版社1993年版。

罗澍伟主编：《近代天津城市史》，中国社会科学出版社1993年版。

方显廷：《天津棉花运销概况》，南开大学经济研究所1934年版。

雷慧儿：《东北豆货贸易》，台湾师范大学历史研究所1981年版。

罗威廉著，江溶、鲁西奇译：《汉口：一个中国城市的商业和社会（1796—1889）》，中国人民大学出版社2005年版。

郑绍昌主编：《宁波港史》，人民交通出版社1989年。

皮明庥主编：《近代武汉城市史》，中国社会科学出版社1993年版。

勒费窝著，陈曾年等译：《怡和洋行——1842—1895年在华活动概述》，上海社会科学院出版社1986年版。

马士：《中华帝国对外关系史》（第一卷），生活·读书·新知三联书店1957年版。

樊百川：《中国轮船航运业的兴起》，四川人民出版社1985年版。

陈潮、陈任译：《中国近代商业革命》，上海人民出版社1991年版。

五金商业史编写组编：《上海近代五金商业史》，上海社会科学院出版社1990年版。

中国社会科学院经济研究所主编：《上海棉布商业》，中华书局1979年版。

上海人民银行上海市分行编：《上海钱庄史料》，上海人民出版社1960年版。

黄鉴晖等编：《山西票号史料》，山西经济出版社2002年版。

杨荫溥：《杨著中国金融论》，黎明书局1936年版。

汪敬虞主编：《中国近代经济史（1895—1927）》，人民出版社2000年版。

吴承明、许涤新：《中国资本主义发展史》，人民出版社2005年版。

潘君祥等主编：《近代中国国情透视》，上海社会科学院出版社1992年版。

吴承明：《中国的现代化——市场与社会》，生活·读书·新知三联出版社2001年版。

刘佛丁主编：《中国近代经济发展史》，高等教育出版社1999年版。

郑友揆、程麒荪：《中国的对外贸易和工业发展：1840—1948年》，上海社会科学院出版社1984年版。

马士著，张汇文等译：《中华帝国对外关系史》，上海书店出版社2000年版。

张仲礼主编：《东南沿海城市与中国现代化》，上海人民出版社1996年版。

刘广京著，曹铁珊等译：《英美航运势力在华的竞争（1862—1874年）》，上海社会科学院出版社1988年版。

汪敬虞：《十九世纪西方资本主义对中国的经济侵略》，人民出版社1983年版。

Thomas P.Lyons，吴松弟、樊如森等译编：China Maritme Customs And China's Trade Statistics(1859-1948)，Willow Crerk Press，2003，未出版稿。

Linda Cooke Johnson：Shanghai：From Market Town to Treaty Port，1074-1858，Stanford University Press，Stanford，California，1995。

四、相关论文

吴松弟：《港口—腹地与中国现代化的空间进程》，《河北学刊》2004年第3期。

吴松弟：《明清时期我国最大沿海贸易港的北移趋势与上海港的崛起》，《复旦学报》2001年第6期。

吴松弟、樊如森：《天津开埠对腹地经济变迁的影响》，《史学月刊》2004年第1期。

樊如森：《天津港口贸易与腹地外向型经济发展（1860—1937）》，博士学位论文。

樊如森：《西北近代经济外向化中的天津因素》，《复旦学报》2001年第6期。

樊如森：《近代天津外向型经济体系的架构》，《历史地理》第18辑，上海人民出版社2002年版。

樊如森：《论近代中国北方外向型经济的兴起》，《史学月刊》2003年第6期。

樊如森：《论北方在近代上海经济发展中的作用》，《城市史研究》第23辑。

樊如森：《论天津在北方广大地区经济发展中的中心地位》，复旦大学历史地理研究中心主编：《港口–腹地和中国现代化进程》，齐鲁书社2005年版。

陈争平：《天津口岸贸易与华北市场（1861—1913）》，《中国社会科学院经济研究所集刊》第十一集，中国社会科学出版社1988年版。

王怀远：《旧中国时期天津的对外贸易》，《北国春秋》1960年第1—3期连载。

姚永超：《大连港的中转贸易（1907—1931）》，《中国历史地理论丛》2004年3月。

毛立坤：《晚清时期中外贸易的个案分析——以香港转口贸易为例》，《中国历史地理论丛》。

张思：《19世纪天津、烟台的对外贸易与传统市场网络——以洋纱洋布的输入与运销为例》，《史林》2004年第4期。

庄维民：《贸易依存度与间接腹地：近代上海与华北市场经济》，复旦大学历史地理研究中心编:《港口-腹地和中国现代化进程》,齐鲁书社2005年版。

曲晓范、李保安:《清末民初东北城市近代化运动与区域城市变迁》,《东北师范大学学报》2001年第4期。

姚洪卓:《走向世界的天津与近代天津对外贸易》,《天津社会科学》1994年第2期。

陈正书:《试论上海近代工业中心的形成》,《上海史研究》第2辑,学林出版社1988年版。

雷穆森著,许逸凡、赵地译:《天津——插图本史纲》,《天津历史资料》第2期,天津市历史研究所1964年版。

张珊珊:《汉口桐油贸易概述(1864—1936)》,复旦大学历史地理研究中心编:《港口-腹地和中国现代化进程》,齐鲁书社2005年版。

王永年:《论晚清汉口城市的发展和演变》,《江汉论坛》1988年第4期。

邓正兵、欧阳君:《试论武汉的早期现代化》,《江汉大学学报》2005年第1期。

陶良虎:《20世纪30年代汉口对外贸易衰退原因辨析》,《江汉论坛》1999年第6期。

张笃勤:《汉口茶输俄的几个问题》,《江汉论坛》1994年第2期。

李一翔:《论长江沿岸城市之间的金融联系》,《中国经济史研究》2002年第1期。

龚关:《20世纪初天津金融风潮及其应对机制》,《城市史研究》第22辑。

杜恂诚:《上海成为近代金融中心的充要条件》,《学术季刊》1995年第1期。

熊月之:《上海学平议》,《史林》2004年第5期。

戴鞍钢:《口岸贸易与晚清上海金融业的互动》,《复旦学报》2003年第2期。

戴鞍钢：《近代上海与长江流域市场网络的架构》，《复旦学报》1996年第5期。

戴鞍钢：《近代上海与长江流域商路变迁》，《近代史研究》1996年第4期。

戴鞍钢：《近代上海国内沿海埠际贸易探析》，《上海研究论丛》第11辑。

戴鞍钢：《论近代上海港崛起的历史地理底蕴》，《中国历史地理论丛》1996年第3期。

樊卫国：《民国上海埠际贸易的变迁（1912—1927）》，《社会科学》1997年第7期。

樊卫国：《二十世纪前期长江沿岸城市的外贸互动关系》，《档案与史学》2000年第6期。

樊卫国：《近代上海口岸市场对内地市场的辐射的制导》，《上海文化研究》2004年12月。

樊卫国：《近代上海的市场特点与口岸经济的形成》，《上海社会科学院季刊》1994年第2期。

潘君祥：《论近代上海经济发展的内在动因》，《探索与争鸣》1993年第1期。

张仲礼、潘君祥：《论上海经济近代化的转变和发展内因》，《中国经济史研究》，1992年第3期。

张仲礼、潘君祥：《上海城市经济的近代化及对长江流域的影响》，《上海社会科学院学术季刊》1992年第3期。

张仲礼、沈祖炜：《近代上海市场发育的若干特点》，《上海社会科学院学术季刊》1994年第2期。

张仲礼、张道根：《上海在中国经济发展中的地位与作用》，《社会科学》1999年第4期。

张忠民：《近代上海经济中心地位的形成和确立》，《上海经济研究》1996年第10期。

张忠民:《1843—1978:上海经济成长的回顾与前瞻》,《上海经济研究》1999年第7期。

鲍静静:《对外贸易与上海经济的早期现代化》,《广州大学学报》2003年第2卷第10期。

竺菊英:《开埠前宁波对外贸易历史地位探析》,《中国社会经济史研究》1995年第1期。

竺菊英《近代宁波对外贸易衰落原因探析》,《浙江学刊》1996年第2期。

乐承耀:《十九世纪中晚期宁波对外贸易发展及其原因》,《中共宁波市委党校学报》1998年第5期。

钟昌标:《从历史、现状看甬沪经济的互补、竞争与协同发展》,《宁波大学学报》第9卷第1期。

陈为忠:《山东港口与腹地研究(1860—1937)》,复旦大学历史地理研究中心未刊硕士学位论文。

凌小言、孙东华:《解放前上海口岸的对外中转贸易》,《上海经济研究》1992年第1期。

后　记

上海埠际贸易研究是一个既广且深的课题，牵涉甚广，头绪纷杂。本书得成，首需致谢恩师吴松弟教授。2003年至复旦大学历史地理研究中心攻读博士学位，恰逢吴老师全力开展“港口–腹地与中国现代化进程”的研究，经研讨为我选定上海作为研究对象。感谢恩师的看重，让我担纲如此重要的大港课题。研究初始阶段，资料海量，内容繁复，犹如雾里看花。犹记得初次拜访大师兄樊如森老师，当时他于天津港口–腹地的研究已颇有所成，交谈间他的指点为我拨云见日，始有点墨落卷。

也幸得中国第二历史档案馆和海关总署办公厅与京华出版社合作，于2001年影印出版了170卷本的《中国旧海关史料》，收集了年度贸易统计和贸易报告组成的海关年刊及十年报告，为研究上海埠际贸易提供了宝贵的资料。其中缺失的旧海关出版物散落各处，在吴老师全力协助下，于全国及海外各处搜寻，终于尽最大可能补全了所缺的数据及文字报告，使研究下限得以顺利延至1930年。

史料的钩稽和梳理、数据的比对和校验，使得上海埠际贸易的变迁得以本书的形式首次呈现，初步勾勒出历史地理背景下上海港历史角色的演变历程。今日书稿有机会付梓，感恩有幸追随吴老师，能够参与其中国现代化空间宏大研究的探索过程，得遇明师，乃人生中的大幸！感谢复旦大学历史地理研究中心、复旦大学历史系及上海社科院历史所各位老师的指点和帮助；感谢母亲多年的悉心教诲和无私付出，感谢先生的耐心包容和给予我的许多启发；感谢山东画报出版社让本书得以顺利问世。文中错漏皆是我的责任，挂一漏万，不足之处，敬请学界和读者指教。愿抛砖引玉，供精进者取而阅之，进一步钩沉索隐。